מתו"ק

Bible Curriculum

# פָּרָשַׁת וַיֵּצֵא

## Student Workbook

Schechter
DAY SCHOOL NETWORK
*Engage the World*

# The MaToK Bible Curriculum

*A joint project of the*
**United Synagogue of Conservative Judaism**
**Schechter Day School Network**
*and the*
**William Davidson Graduate School of Jewish Education**
**The Jewish Theological Seminary**

The development of MaToK was made possible
by a generous grant from the
**Jim Joseph Foundation.**

## Current Project Directors

Dr. Jon Mitzmacher, *Executive Director*
*Schechter Day School Network*

Dr. Zachary Lasker, *Director, Melton & Davidson Education Projects*
*William Davidson Graduate School of Jewish Education*
*of The Jewish Theological Seminary*

Galya Pinsky Greenberg, *Project Director and Editor*

## Past Project Directors (1998–2014)

Dr. Elaine R. S. Cohen, *Director*
*Schechter Day School Network*

Dr. Robert Abramson, *Director*
*Department of Education, United Synagogue of Conservative Judaism*

Dr. Steven M. Brown, *Director*
Dr. Barry Holtz, *Director*
*Melton Research Center for Jewish Education*
*The Jewish Theological Seminary*

Dr. Deborah Uchill Miller, *Project Director and Editor*

## Editing and Production by CET–LE Team

Project Director and Pedagogical Editor: Zohar Harkov
Linguistic Editor: Shoshi Miran

Graphic Designer: Yael Rimon
Illustrations: Udi Taub, Studio Aesthetics)
Computers and DTP Assistance: Roni Meiron

Publishing Coordinator: Gadi Nachmias

CET-LE Learning Environments, for the home (2002) Ltd., 16 Klausner St.
P.O.B. 39513, Tel-Aviv 61394, Israel
Tel. 972-3-6460165, http://www.cet.ac.il

All correspondence and inquiries should be directed to the Schechter Day School Network, 85 Broad Street, 18th Floor, New York, NY 10004, or to info@schechternetwork.org.

ISBN: 978-0-8381-0002-8

Printed in the United States of America

## MaToK Deliberation Team

*We gratefully acknowledge the guidance of:*

Charlotte Abramson, Solomon Schechter Day School of Essex and Union
Dr. Bonnie Botel-Sheppard, Penn-Literacy Network
Rabbi Neil Gillman, The Jewish Theological Seminary
Charlotte Glass, Solomon Schechter Day Schools of Chicago
Dr. Tikva Frymer-Kensky ז״ל, University of Chicago
Dr. Kathryn Hirsh-Pasek, Temple University
Dr. Steven Lorch, Solomon Schechter Day School of Manhattan
Dr. Ora Horn Prouser, Academy for Jewish Religion, New York
Rabbi Benjamin Scolnic, Temple Beth Sholom, Hamden, CT

## Curriculum Writers

Marcia Lapidus Kaunfer, *Associate Editor*
Ellen Rank, *Associate Editor*

Charlotte Abramson
Gila Azrad
Rabbi Greta Brown
Mimi Brandwein
Heather Fiedler
Rebecca Friedman
Orly Gonen
Rabbi Pamela Gottfried
Penina Grossberg

Sally Hendelman
Rabbi Brad Horwitz
Rabbi Elana Kanter
Naamit Kurshan
Dr. Deborah Uchill Miller
Ellen Rank
Ami Sabari
Rabbi Jon Spira-Savett
Miriam Taub

Laura Wiseman

Special thanks to Ricky Stamler-Goldberg, Jewish Studies Coordinator,
and the following Torah teachers of Solomon Schechter Day School
of Bergen County, for their help in preparing this material:
Chaya Wolkin, Richard Mayer, Debbie Bejar

## English Edition

Rabbi Gary Karlin, *Translator*
Rabbi Miles B. Cohen, *Compositor/Editor*

## Advisory Panel of Bible Scholars

*We are grateful for the help of:*

Dr. Stephen Garfinkel, The Jewish Theological Seminary
Dr. Robert A. Harris, The Jewish Theological Seminary
Dr. Gary Rendsburg, Rutgers University

## Artwork

*Experimental edition*
Arielle Miller-Timen, Karen Ostrove

## Translation:

Michele Alperin, Mira Bashan, Ruthie Bashan, Dahlia Helfgott-Hai, Hannah Livneh, Micki Targum

*We wish to thank the following for permission to reprint:*
Davkawriter: Images of Israel © 2001
Elias Persky, Ḥaver Latorah © 1964 Ktav Publishing
Simkha Weintraub, *Five Easy Steps to "Cracking" Almost any Rashi*

# Contents

פָּרָשַׁת וַיֵּצֵא

# פֶּרֶק כח פְּסוּקִים י–כב

## יַעֲקֹב Comes to the Place

### פֶּרֶק כח פְּסוּקִים י–יא

י וַיֵּצֵא יַעֲקֹב מִבְּאֵר שָׁבַע,
וַיֵּלֶךְ חָרָנָה[1].

1 חָרָנָה [חָרָן+ה] אֶל (to) חָרָן

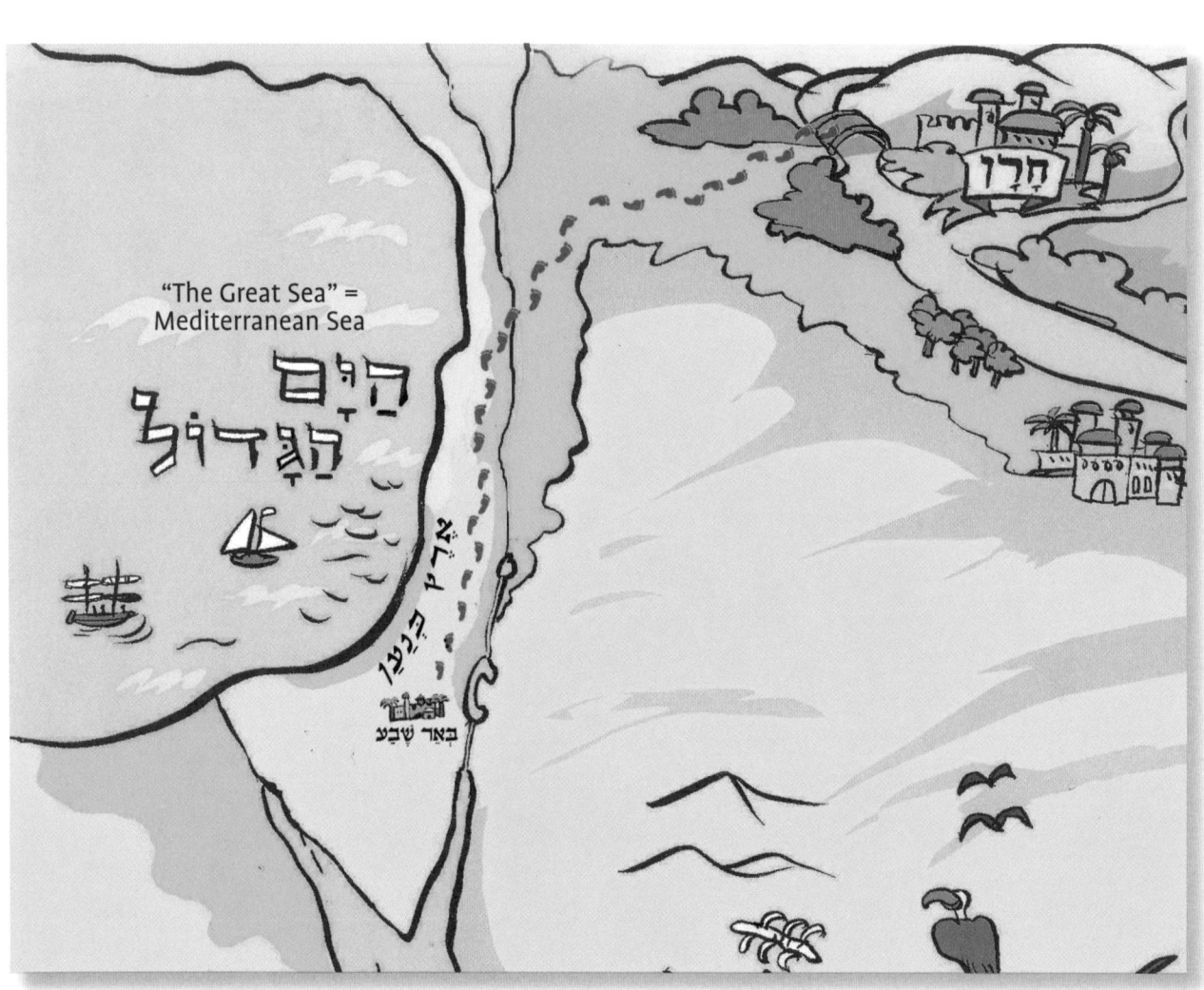

"The Great Sea" =
Mediterranean Sea
הַיָּם הַגָּדוֹל
חָרָן
אֶרֶץ כְּנַעַן
בְּאֵר שָׁבַע

יא וַיִּפְגַּע[2] בַּמָּקוֹם
וַיָּלֶן[3] שָׁם כִּי־בָא הַשֶּׁמֶשׁ[4]
וַיִּקַּח מֵאַבְנֵי הַמָּקוֹם
וַיָּשֶׂם[5] מְרַאֲשֹׁתָיו[6],
וַיִּשְׁכַּב[7] בַּמָּקוֹם הַהוּא.

2 וַיִּפְגַּע בָּא אֶל came to

3 וַיָּלֶן הוּא יָשַׁן he slept

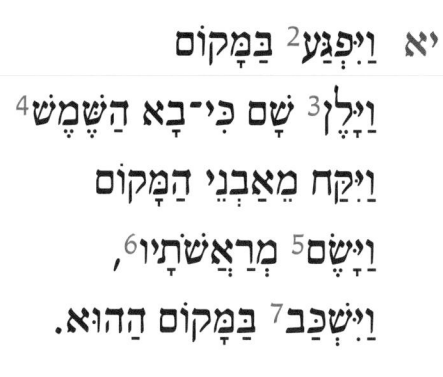

4 בָּא הַשֶּׁמֶשׁ the sun set 

5 וַיָּשֶׂם (שׂ-י-ם) הוּא שָׂם he put

6 מְרַאֲשֹׁתָיו [רֹאשׁ] מִתַּחַת לָרֹאשׁ שֶׁלּוֹ under his head

7 וַיִּשְׁכַּב (שׁ-כ-ב) הוּא שָׁכַב he lay down

## לִקְרֹא... לִמְצֹא... לְהַשְׁלִים... (פְּסוּקִים י-יא)
(read) (find) (complete)

**הֵא הַכִּוּוּן** (direction)
**A place name + ה**
**For example:**
הַבַּיִת+ה = הַבַּיְתָה (to home)
(יְרוּשָׁלַיִם+ה) = יְרוּשָׁלַיְמָה

**1** יַעֲקֹב goes out from ______________________ .

**2** יַעֲקֹב goes to ______________________ .

**3** **צִבְעוּ – Color** the place name in וָרֹד, and הֵא הַכִּוּוּן in צָהֹב .

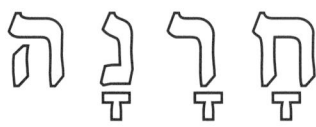

חָרָנָה

**4** Who lives in חָרָן? (see פֶּרֶק כז פָּסוּק מג)? ______________________

**5** יַעֲקֹב goes to חָרָן (see פֶּרֶק כח פְּסוּקִים א–ב and בְּרֵאשִׁית פֶּרֶק כז פְּסוּקִים מב–מג)

because ______________________ ,

and because ______________________ .

**6** **Highlight** in יָרֹק the מִלָּה מַנְחָה (key word) in פָּסוּק יא.

**6א** The word ______________________ occurs ☐ times

because ______________________

______________________ .

**7** **Highlight** in כָּחֹל the verbs in פָּסוּק יא.

**Sometimes –**

**Many verbs = Strong feelings**

**Generally, what characters feel is not written in the תּוֹרָה.**
**What is written in the תּוֹרָה is what characters do.**

**For example, when אַבְרָהָם expels הָגָר and יִשְׁמָעֵאל, it is written:**

**"וַיַּשְׁכֵּם ... וַיִּקַּח ... וַיִּתֵּן ... וַיְשַׁלְּחֶהָ."**
**(בְּרֵאשִׁית פֶּרֶק כא פָּסוּק יד)**

**8**

**What does יַעֲקֹב feel?**

לְדַעְתִּי – In my opinion, ______

______

______

______

______

**What does יַעֲקֹב do?**

Write the verbs.

"וַיֵּצֵא"

" ______ "

" ______ "

" ______ "

" ______ "

**8א** He feels this way because ______

______.

## יַעֲקֹב Dreams a Dream

### פֶּרֶק כח פְּסוּקִים יב–טו

יב וַיַּחֲלֹם[1] וְהִנֵּה סֻלָּם[2] מֻצָּב[3] אַרְצָה[4]
וְרֹאשׁוֹ מַגִּיעַ הַשָּׁמָיְמָה[5],
וְהִנֵּה[6] מַלְאֲכֵי אֱ-לֹהִים[7] עֹלִים וְיֹרְדִים בּוֹ.

יג וְהִנֵּה ה' נִצָּב[8] עָלָיו וַיֹּאמַר:
"אֲנִי ה' אֱ-לֹהֵי אַבְרָהָם אָבִיךָ וֵא-לֹהֵי יִצְחָק,
הָאָרֶץ אֲשֶׁר אַתָּה שֹׁכֵב עָלֶיהָ
לְךָ אֶתְּנֶנָּה[9] וּלְזַרְעֶךָ.

1 וַיַּחֲלֹם (ח-ל-מ) הוּא חָלַם
he dreamed

2 סֻלָּם ramp

3 מֻצָּב (נ-צ-ב) עוֹמֵד standing

4 אַרְצָה [אֶרֶץ+ה] אֶל הָאָרֶץ
to the earth

5 הַשָּׁמָיְמָה [שָׁמַיִם+ה] אֶל הַשָּׁמַיִם
to the sky

6 וְהִנֵּה behold

7 מַלְאֲכֵי אֱ-לֹהִים
the messengers
הַמַּלְאָכִים שֶׁל אֱ-לֹהִים
God's messengers

8 נִצָּב עוֹמֵד standing

9 אֶתְּנֶנָּה (נ-ת-נ) אֲנִי אֶתֵּן אוֹתָהּ
I will give it

יד וְהָיָה[10] זַרְעֲךָ כַּעֲפַר הָאָרֶץ[11]
וּפָרַצְתָּ[12] יָמָּה[13] וָקֵדְמָה[14] וְצָפֹנָה[15] וָנֶגְבָּה[16]
וְנִבְרְכוּ בְךָ כָּל־מִשְׁפְּחֹת הָאֲדָמָה וּבְזַרְעֶךָ.

טו וְהִנֵּה אָנֹכִי עִמָּךְ[17]
וּשְׁמַרְתִּיךָ בְּכֹל אֲשֶׁר תֵּלֵךְ
וַהֲשִׁבֹתִיךָ[18] אֶל הָאֲדָמָה הַזֹּאת
כִּי לֹא אֶעֱזָבְךָ[19]
עַד אֲשֶׁר אִם עָשִׂיתִי[20] אֵת אֲשֶׁר דִּבַּרְתִּי לָךְ."

10 וְהָיָה (ה-י-ה) יִהְיֶה will be

11 כַּעֲפַר הָאָרֶץ כְּמוֹ הֶעָפָר שֶׁל הָאָרֶץ
as the dust of the earth

12 וּפָרַצְתָּ (פ-ר-צ) you will spread out

13 יָמָּה [יָם+ה = אֶל הַיָּם] אֶל הַמַּעֲרָב
to the west

14 קֵדְמָה [קֶדֶם+ה] אֶל הַמִּזְרָח to the east

15 צָפֹנָה [צָפוֹן+ה] אֶל הַצָּפוֹן to the north

16 נֶגְבָּה [נֶגֶב+ה] אֶל הַדָּרוֹם to the south

17 עִמָּךְ אִתְּךָ with you

18 וַהֲשִׁבֹתִיךָ (שׁ-ו-ב) אֲנִי אָשִׁיב אוֹתְךָ
I will return you

19 אֶעֱזָבְךָ (ע-ז-ב) אֲנִי אֶעֱזֹב אוֹתְךָ
I will leave you

20 עַד אֲשֶׁר אִם עָשִׂיתִי עַד שֶׁאֲנִי אֶעֱשֶׂה
until I will have done [it]

צָפוֹן
מִזְרָח
מַעֲרָב
דָּרוֹם

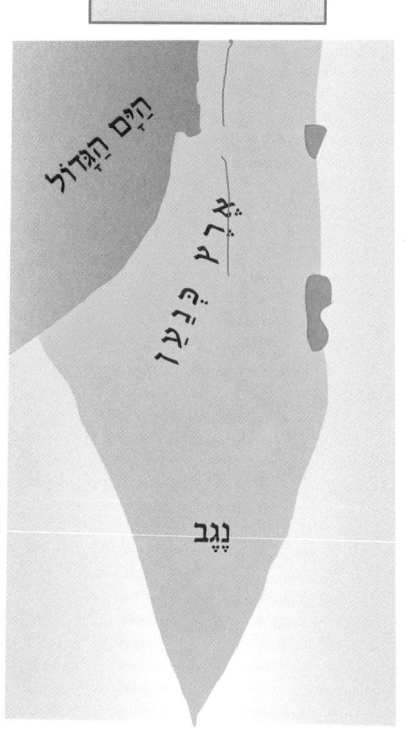

## לִקְרֹא... לִמְצֹא... לְהַשְׁלִים... (פְּסוּקִים יב-טו)

(read) (find) (complete)

בְּבַקָּשָׁה:

1. **Highlight** in כָּחֹל the word וְהִנֵּה on page 10.

2. What does יַעֲקֹב see? הַשְׁלִימוּ – **Complete** in לְשׁוֹנְכֶם or in לְשׁוֹן הַתּוֹרָה.

    וְהִנֵּה ______________________

    וְהִנֵּה ______________________

    וְהִנֵּה ______________________

3. Where does the סֻלָּם stand? **Circle** the word.

4. To where does the סֻלָּם reach? **Draw** a box around the word.

5. On page 10 (פָּסוּק יב), **underline** the words containing הֵא הַכִּוּוּן.

6. כִּתְבוּ – **Write** in your own words:

    - The סֻלָּם stands on the ______________.
    - The סֻלָּם reaches to the ______________.
    - The ______________________ go up and down between the sky and the earth.

**7** On pages 10–11, **highlight** in צָהֹב what יַעֲקֹב hears.

**8** How does God refer to himself? הַשְׁלִימוּ – **Complete**:

"אֲנִי ה' ______________________________

וְ______________________________ " (פָּסוּק ____)

8א In my opinion, God says this because ______________________________

______________________________.

**9** ה' promises יַעֲקֹב three things. הַשְׁלִימוּ – **Complete**:

ה' promises יַעֲקֹב that ______________________________.

הָאָרֶץ אֲשֶׁר אַתָּה שֹׁכֵב עָלֶיהָ
לְךָ אֶתְּנֶנָּה וּלְזַרְעֶךָ.

ה' also promises יַעֲקֹב that ______________________________.

וְהָיָה זַרְעֲךָ כַּעֲפַר הָאָרֶץ
וּפָרַצְתָּ יָמָּה וָקֵדְמָה וְצָפֹנָה וָנֶגְבָּה...

ה' promises יַעֲקֹב to bless ______________________________.

וְנִבְרְכוּ בְךָ כָּל-מִשְׁפְּחֹת הָאֲדָמָה וּבְזַרְעֶךָ.

**10** On page 11 (פָּסוּק יד), **underline** the words containing הָא הַכִּוּוּן.

**10א הַשְׁלִימוּ — Complete** in לְשׁוֹן הַתּוֹרָה:

אֶל הַיָּם: "_________________________"

אֶל הַנֶּגֶב: "_________________________"

אֶל הַצָּפוֹן: "_________________________"

אֶל קֶדֶם: "_________________________"

**11** הַשְׁלִימוּ — **Complete** the map on page 11 using לְשׁוֹן הַתּוֹרָה:

צָפוֹנָה נֶגְבָּה קֵדְמָה יָמָּה

**12** הַשְׁלִימוּ — **Complete:** (פָּסוּק טו)

| בִּלְשׁוֹן הַתּוֹרָה | הַשֹּׁרֶשׁ | בִּלְשׁוֹנֵנוּ |
|---|---|---|
| "____________" | ש-מ-ר | אֲנִי אֶשְׁמֹר אוֹתְךָ<br>I will guard you |
| "____________" | ש-ו-ב | אֲנִי אָשִׁיב __________<br>I will return you |
| "לֹא __________" | ______ | אֲנִי לֹא אֶעֱזֹב __________<br>I will not leave you |

**12א** Who is אֲנִי? _________________________

**12ב** Who is אוֹתְךָ? _________________________

## לַחְשֹׁב... לְהָבִין... לְהַרְגִּישׁ... (פְּסוּקִים יב-טו)

(think) (understand) (feel)

**1** **Highlight** in יָרֹק the בְּרָכוֹת that are similar.

### ה' מְבָרֵךְ אֶת אַבְרָהָם

(blesses)

וְאֶעֶשְׂךָ לְגוֹי גָּדוֹל
וַאֲבָרֶכְךָ וַאֲגַדְּלָה שְׁמֶךָ,
וֶהְיֵה בְּרָכָה.
וַאֲבָרְכָה מְבָרְכֶיךָ וּמְקַלֶּלְךָ אָאֹר,
וְנִבְרְכוּ בְךָ כֹּל מִשְׁפְּחֹת הָאֲדָמָה.

(פֶּרֶק יב פְּסוּקִים ב-ג)

... שָׂא נָא עֵינֶיךָ וּרְאֵה
מִן הַמָּקוֹם אֲשֶׁר אַתָּה שָׁם
צָפֹנָה וָנֶגְבָּה וָקֵדְמָה וָיָמָּה.
כִּי אֶת-כָּל-הָאָרֶץ אֲשֶׁר אַתָּה רֹאֶה
לְךָ אֶתְּנֶנָּה, וּלְזַרְעֲךָ עַד עוֹלָם.
וְשַׂמְתִּי אֶת-זַרְעֲךָ כַּעֲפַר הָאָרֶץ...

(פֶּרֶק יג פְּסוּקִים יד-טז)

### ה' מְבָרֵךְ אֶת יַעֲקֹב

הָאָרֶץ אֲשֶׁר אַתָּה שֹׁכֵב עָלֶיהָ
לְךָ אֶתְּנֶנָּה וּלְזַרְעֶךָ.

וְהָיָה זַרְעֲךָ כַּעֲפַר הָאָרֶץ
וּפָרַצְתָּ יָמָּה וָקֵדְמָה וְצָפֹנָה וָנֶגְבָּה,
וְנִבְרְכוּ בְךָ כָּל-מִשְׁפְּחֹת הָאֲדָמָה
וּבְזַרְעֶךָ.

(פֶּרֶק כח פְּסוּקִים יג-יד)

**2** In your opinion, how does יַעֲקֹב feel when he hears the בְּרָכוֹת? Mark ✓.

strengthened
□ חָזָק יוֹתֵר

more afraid
□ פּוֹחֵד יוֹתֵר

more confident
□ בָּטוּחַ יוֹתֵר

overwhelmed
□ נִדְהָם

lonely
□ בּוֹדֵד

other
□ אַחֵר:

close to 'ה
□ קָרוֹב לַה'

because _____

_____

_____ .

**3** Which words of 'ה help יַעֲקֹב the most? **Highlight** in כָּחֹל.

אָנֹכִי עִמָּךְ

וַהֲשִׁבֹתִיךָ אֶל...

וּשְׁמַרְתִּיךָ

לֹא אֶעֱזָבְךָ

because _____

_____

_____ .

**4** The difference between my dreams and the dream of יַעֲקֹב:

# יַעֲקֹב Wakes Up from His Sleep

## פֶּרֶק כח  פְּסוּקִים טז-יט

| | | | |
|---|---|---|---|
| 1 | וַיִּיקַץ | הוּא הִתְעוֹרֵר | he woke up |
| 2 | מִשְּׁנָתוֹ | מֵהַשֵּׁנָה שֶׁלּוֹ | from his sleep |
| 3 | אָכֵן | | "Aha!" |
| 4 | וַיִּירָא | (י-ר-א) הוּא פָּחַד | he was afraid |
| 5 | מַה־נּוֹרָא | (י-ר-א) | how awe-inspiring! |
| 6 | אֵין זֶה כִּי אִם | | this is none other than |

טז וַיִּיקַץ[1] יַעֲקֹב מִשְּׁנָתוֹ[2] וַיֹּאמֶר:
"אָכֵן[3] יֵשׁ ה' בַּמָּקוֹם הַזֶּה,
וְאָנֹכִי לֹא יָדָעְתִּי."

יז וַיִּירָא[4]
וַיֹּאמַר: "מַה־נּוֹרָא[5] הַמָּקוֹם הַזֶּה,
אֵין זֶה כִּי אִם[6]־בֵּית אֱ·לֹהִים
וְזֶה שַׁעַר הַשָּׁמָיִם."

יח וַיַּשְׁכֵּם[7] יַעֲקֹב בַּבֹּקֶר
וַיִּקַּח אֶת־הָאֶבֶן אֲשֶׁר־שָׂם מְרַאֲשֹׁתָיו
וַיָּשֶׂם אֹתָהּ מַצֵּבָה[8],
וַיִּצֹק[9] שֶׁמֶן עַל רֹאשָׁהּ.

יט וַיִּקְרָא אֶת־שֵׁם הַמָּקוֹם הַהוּא "בֵּית־אֵ·ל",
וְאוּלָם "לוּז" שֵׁם הָעִיר לָרִאשֹׁנָה.

| | |
|---|---|
| he rose early וַיַּשְׁכֵּם הוּא קָם מְקֻדָּם | 7 |
| pillar מַצֵּבָה (י–צ–ב) | 8 |
| he poured וַיִּצֹק הוּא שָׁפַךְ | 9 |

## לִקְרֹא... לִמְצֹא... לְהַשְׁלִים... (פְּסוּקִים טז-יט)
(read) (find) (complete)

בְּבַקָּשָׁה:

1. place
**מָקוֹם** is the **מִלָּה מַנְחָה** (key word) on pages 18–19. **Highlight** the word in יָרֹק .

   1א In **פָּסוּק יא** and in **פְּסוּקִים טז–יז** the word **מָקוֹם** occurs ☐ times.

2. **הַשְׁלִימוּ – Complete**:

   After the dream, **יַעֲקֹב** says about the place: (פָּסוּק טז)

   "______________________________________________

   ______________________________________________"

3. On page 18 (פָּסוּק יז), **highlight** in וָרֹד what **יַעֲקֹב** feels.

4. **Highlight** in צָהֹב the name that **יַעֲקֹב** gives to this **מָקוֹם** (פְּסוּקִים יז, יט).

5. **Highlight** in כָּחֹל the actions that **יַעֲקֹב** does after he gets up in the morning (פְּסוּקִים יח-יט).

**6** **Highlight** in וָרֹד all forms of the word אֶבֶן (rock), below:

before the dream

## לִפְנֵי הַחֲלוֹם

וַיִּפְגַּע בַּמָּקוֹם
וַיָּלֶן שָׁם כִּי־בָא הַשֶּׁמֶשׁ
וַיִּקַּח מֵאַבְנֵי הַמָּקוֹם
וַיָּשֶׂם מְרַאֲשֹׁתָיו,
וַיִּשְׁכַּב בַּמָּקוֹם הַהוּא.

(פָּסוּק יא)

after the dream

## אַחֲרֵי הַחֲלוֹם

וַיַּשְׁכֵּם יַעֲקֹב בַּבֹּקֶר
וַיִּקַּח אֶת־הָאֶבֶן
אֲשֶׁר־שָׂם מְרַאֲשֹׁתָיו
וַיָּשֶׂם אֹתָהּ מַצֵּבָה,
וַיִּצֹק שֶׁמֶן עַל רֹאשָׁהּ.

וַיִּקְרָא אֶת־שֵׁם הַמָּקוֹם הַהוּא
"בֵּית־אֵ·ל"...

(פְּסוּקִים יח-יט)

6א What does יַעֲקֹב do with the אֶבֶן? הַשְׁלִימוּ – **Complete**:

- Before the dream, he placed the rock "______________________________" (פָּסוּק יא).
- After the dream, he sets the rock up as a "______________________________" (פָּסוּק יח).

**7** נְסַכֵּם — **Let's summarize**: What does יַעֲקֹב do in order to make this place קָדוֹשׁ?

He takes the ______________________.

He sets the rock up as a ______________________.

He pours ______________________ on the rock.

He calls the place ______________________.

oil
שֶׁמֶן
בֵּית־אֵ־ל
pillar
מַצֵּבָה
rock
אֶבֶן

**8** הַשְׁלִימוּ — **Complete**: (פְּסוּקִים יח–יט)

| לְשׁוֹן הַתּוֹרָה | בִּלְשׁוֹנֵנוּ | |
|---|---|---|
| "וַיִּקַּח" | הוּא ________ | What did he take? ________ הָ |
| "וַיָּשֶׂם" | הוּא ________ | What did he set it up as? ________ |
| "וַיִּצֹק" | הוּא ________ | On what did he pour oil? ________ הַ |
| "וַיִּקְרָא" | הוּא ________ | What did he call the place? ________ |

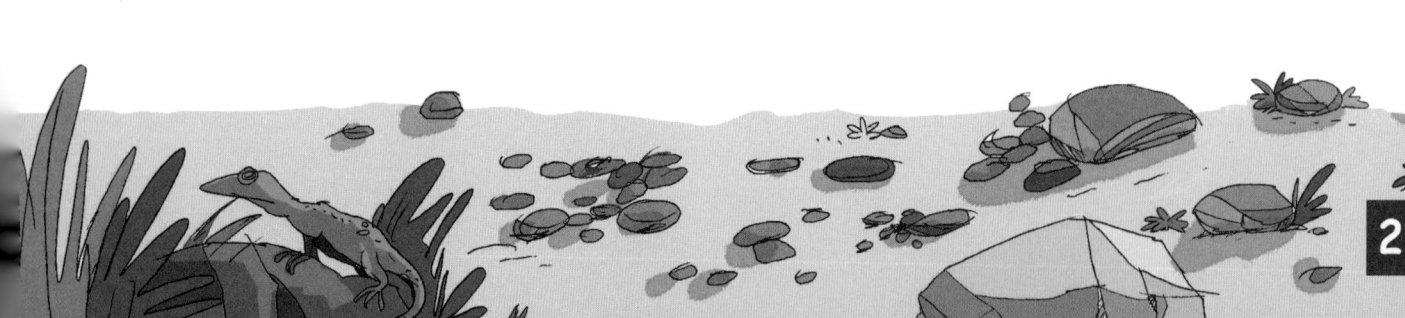

**9** צַיְּרוּ — **Draw** an appropriate picture for each verb.

וַיִּקַּח

וַיָּשֶׂם

וַיִּצֹק

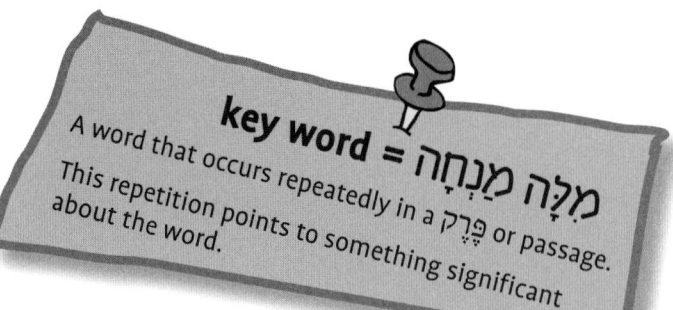

לַחְשֹׁב... לְהָבִין... לְהַרְגִּיש... (פְּסוּקִים טז-יט)
(feel)     (understand)     (think)

### key word = מִלָּה מַנְחָה
A word that occurs repeatedly in a פֶּרֶק or passage. This repetition points to something significant about the word.

**1** The word מָקוֹם is one מִלָּה מַנְחָה in this פֶּרֶק.

הַשְׁלִימוּ — **Complete** each sentence with one of the words from the bag:

Before the dream, יַעֲקֹב thought
that he had come to a מָקוֹם that was _____.

- ordinary
- extraordinary

After the dream, יַעֲקֹב knew
that he had come to a מָקוֹם that was _____.

**2** What, in your opinion, does יַעֲקֹב know about God after the חֲלוֹם?

_____

_____

_____

_____

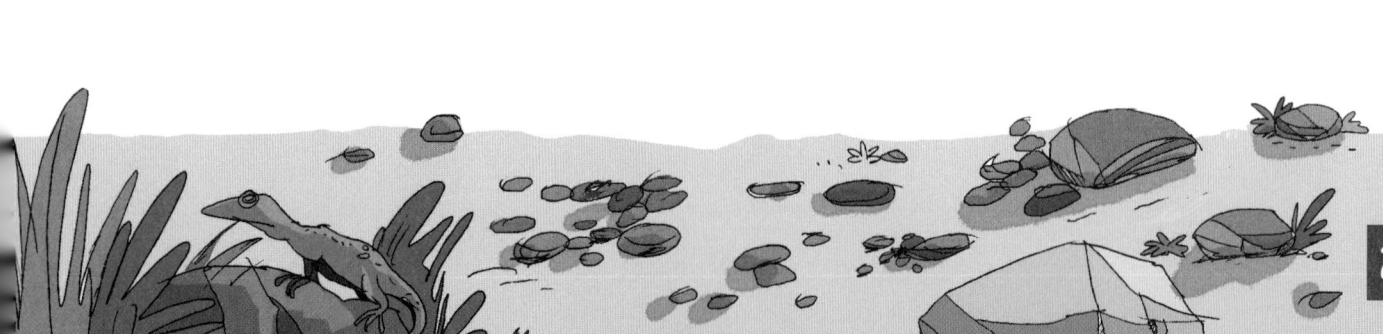

24

**And what do your parents say?**

In the story the students have been studying (Bereshit, chapter 28), Jacob reacts with wonder and awe to the presence of God. He says, "God was in this place, and I did not even know it."

We have asked the students to describe a time when they sensed the presence of God.

We are interested in your responses to the same question.

**3** תָּאֲרוּ — **Describe** a time when you felt that 'ה was present with you.

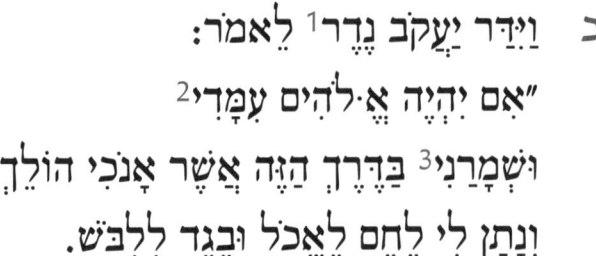

# יַעֲקֹב Makes a Vow

## פֶּרֶק כח פְּסוּקִים כ-כב

1 וַיִּדַּר...נֶדֶר הוּא נָדַר נֶדֶר he made a vow

2 עִמָּדִי אִתִּי with me

3 וּשְׁמָרַנִי (שׁ-מ-ר) הוּא יִשְׁמֹר אוֹתִי
he will guard (protect) me

4 וְשַׁבְתִּי (שׁ-ו-ב) אֲנִי אָשׁוּב I will return

5 וְהָיָה הוּא יִהְיֶה he will be

6 עַשֵּׂר אֲעַשְּׂרֶנּוּ (ע-שׂ-ר)
I will give one-tenth of it

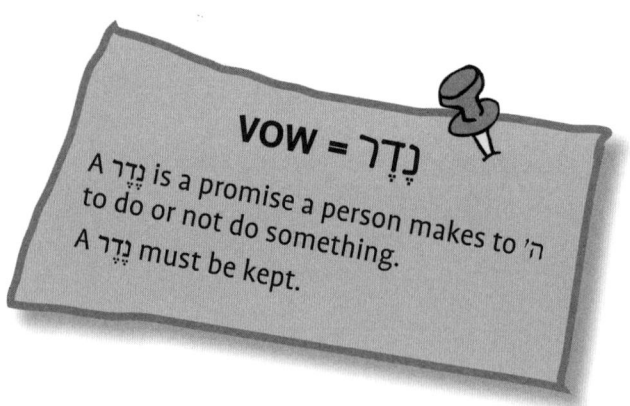

כ וַיִּדַּר יַעֲקֹב נֶדֶר[1] לֵאמֹר:
״אִם יִהְיֶה אֱ·לֹהִים עִמָּדִי[2]
וּשְׁמָרַנִי[3] בַּדֶּרֶךְ הַזֶּה אֲשֶׁר אָנֹכִי הוֹלֵךְ,
וְנָתַן לִי לֶחֶם לֶאֱכֹל וּבֶגֶד לִלְבֹּשׁ.

כא וְשַׁבְתִּי[4] בְשָׁלוֹם אֶל בֵּית אָבִי,
וְהָיָה[5] ה' לִי לֵא·לֹהִים.

כב וְהָאֶבֶן הַזֹּאת אֲשֶׁר שַׂמְתִּי מַצֵּבָה
יִהְיֶה בֵּית אֱ·לֹהִים,
וְכֹל אֲשֶׁר תִּתֶּן-לִי עַשֵּׂר אֲעַשְּׂרֶנּוּ[6] לָךְ.״

**VOW = נֶדֶר**

A נֶדֶר is a promise a person makes to ה' to do or not do something.
A נֶדֶר must be kept.

## לִקְרֹא... לִמְצֹא... לְהַשְׁלִים... (פְּסוּקִים כ-כב)

(read) (find) (complete)

בְּבַקָּשָׁה:

**1** הַשְׁלִימוּ – **Complete** using לְשׁוֹן הַתּוֹרָה: (פְּסוּקִים כ-כא)

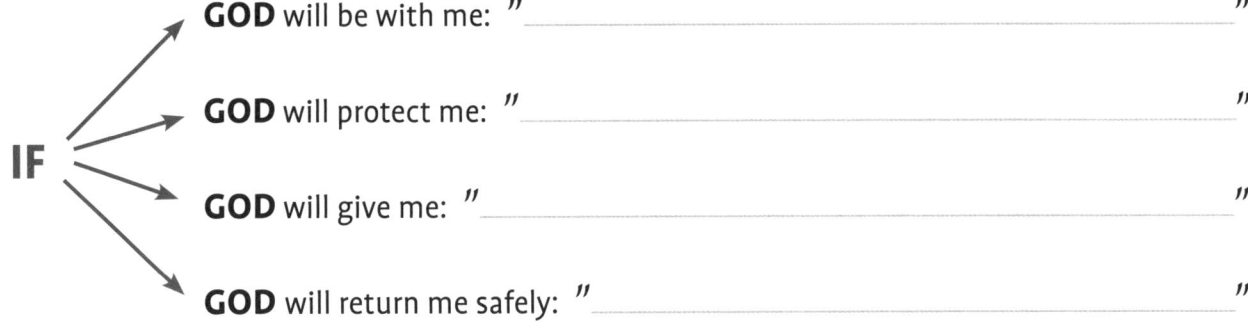

**IF**

- **GOD** will be with me: "____________________"
- **GOD** will protect me: "____________________"
- **GOD** will give me: "____________________"
- **GOD** will return me safely: "____________________"

1א On page 28, **highlight** in צָהֹב the **IF** part of the נֶדֶר.

**2** הַשְׁלִימוּ – **Complete** using לְשׁוֹן הַתּוֹרָה: (פְּסוּקִים כא-כב)

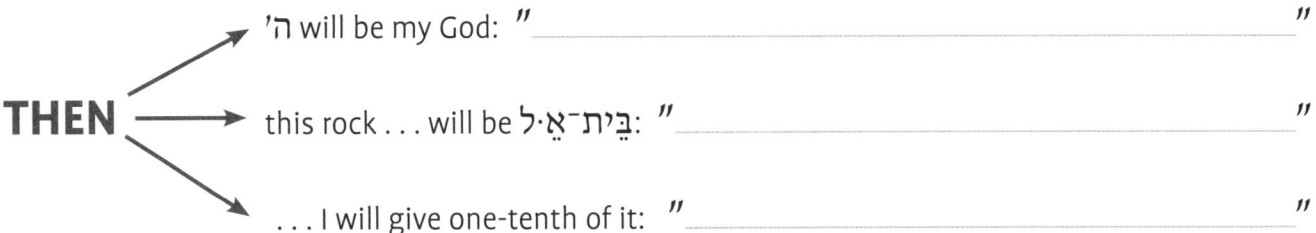

**THEN**

- ה' will be my God: "____________________"
- this rock . . . will be בֵּית־אֵ·ל: "____________________"
- . . . I will give one-tenth of it: "____________________"

2א On page 28, **highlight** in יָרֹק the **THEN** part of the נֶדֶר.

## לַחְשֹׁב... לְהָבִין... לְהַרְגִּישׁ... (פְּסוּקִים כ-כב)

(think) (understand) (feel)

**1** **Highlight** the similar words in וָרֹד:

### פָּסוּק טו
### God's Promise

וְהִנֵּה אָנֹכִי עִמָּךְ
וּשְׁמַרְתִּיךָ בְּכֹל אֲשֶׁר תֵּלֵךְ
וַהֲשִׁבֹתִיךָ אֶל הָאֲדָמָה הַזֹּאת,
כִּי לֹא אֶעֱזָבְךָ
עַד אֲשֶׁר אִם עָשִׂיתִי אֵת אֲשֶׁר
דִּבַּרְתִּי לָךְ.

### פְּסוּקִים כ-כא
### The Vow of יַעֲקֹב

אִם יִהְיֶה אֱ·לֹהִים עִמָּדִי
וּשְׁמָרַנִי בַּדֶּרֶךְ הַזֶּה אֲשֶׁר אָנֹכִי הוֹלֵךְ,
וְנָתַן לִי לֶחֶם לֶאֱכֹל וּבֶגֶד לִלְבֹּשׁ.

וְשַׁבְתִּי בְשָׁלוֹם אֶל בֵּית אָבִי,
וְהָיָה ה' לִי לֵא·לֹהִים.

**2** Why does יַעֲקֹב repeat what God promised him? (There is more than one answer).

Because ______________________________

______________________________

Because ______________________________

______________________________

Because ______________________________

______________________________

30

**3** How does יַעֲקֹב feel after the vow? **כִּתְבוּ** or **צַיְּרוּ** — **Write** or **draw**.

**4** **The story begins:**

**"וַיֵּצֵא יַעֲקֹב מִבְּאֵר שָׁבַע, וַיֵּלֶךְ חָרָנָה."** (פֶּרֶק כח פָּסוּק י)

**The story ends:**

**"וַיִּשָּׂא יַעֲקֹב רַגְלָיו, וַיֵּלֶךְ אַרְצָה בְנֵי־קֶדֶם."** (פֶּרֶק כט פָּסוּק א)

4א **Highlight** in יָרֹק the מִלִּים חוֹזְרוֹת (words that repeat).

4ב **Circle** the words containing הֵא הַכִּוּוּן.

4ג Write a sentence summarizing the two **פְּסוּקִים** above. (פֶּרֶק כח פָּסוּק י and פֶּרֶק כט פָּסוּק א)

**5** בַּחֲרוּ — Choose:

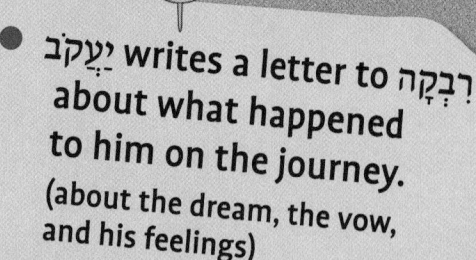

- יַעֲקֹב writes a letter to רִבְקָה about what happened to him on the journey.
  (about the dream, the vow, and his feelings)

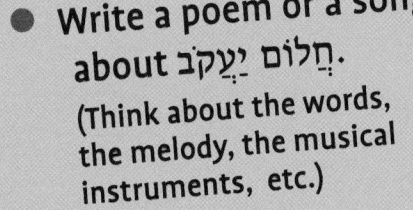

- Write a poem or a song about חֲלוֹם יַעֲקֹב.
  (Think about the words, the melody, the musical instruments, etc.)

- What would I tell my children in the future about בֵּית־אֵ·ל?
  (Think what you would want to tell and what you would not want to tell.)

- **Tell** a story or **draw** a picture:
  "אָכֵן יֵשׁ ה' בַּמָּקוֹם הַזֶּה..."

שֶׁרֶק הַח

32

# תַּשְׁבֵּץ

**כִּתְבוּ** בַּמַּלְבֵּן וּבַתַּשְׁבֵּץ שֶׁבָּעַמּוּד הַבָּא.

1. "צָפוֹנָה" – בִּלְשׁוֹנֵנוּ: אֶל הַ
2. 'שְׁמֹר אוֹתִי' – בִּלְשׁוֹן הַתּוֹרָה: (פָּסוּק כ)
3. "וְהִנֵּה סֻלָּם אַרְצָה"
4. יַעֲקֹב קוֹרֵא לַמָּקוֹם:
5. הַמַּלְאָכִים בַּחֲלוֹם וְיוֹרְדִים
6. רֹאשׁוֹ מַגִּיעַ לַשָּׁמַיִם:
7. 'הוּא יָשַׁן' – בִּלְשׁוֹן הַתּוֹרָה:
8. "וַיִּקַּח" – בִּלְשׁוֹנֵנוּ: הוּא
9. הַכִּווּן "נֶגְבָּה" – בִּלְשׁוֹנֵנוּ: אֶל הַ
10. 'תַּחַת הָרֹאשׁ שֶׁלּוֹ' – בִּלְשׁוֹן הַתּוֹרָה: " "
11. יַעֲקֹב עוֹשֶׂה מֵהָאֶבֶן " "
12. אֱ-לֹהִים מְבָרֵךְ אֶת יַעֲקֹב: "וְהָיָה זַרְעֲךָ כַּ הָאָרֶץ"
13. יַעֲקֹב הוֹלֵךְ מִבְּאֵר שֶׁבַע לְ
14. 'הוּא יָצָא' – בִּלְשׁוֹן הַתּוֹרָה:
15. יַעֲקֹב נוֹדֵר (פָּסוּק כ)
16. הַכִּווּן 'דָּרוֹם' בִּלְשׁוֹן הַתּוֹרָה:
17. "כִּי בָּא " (פָּסוּק ב)

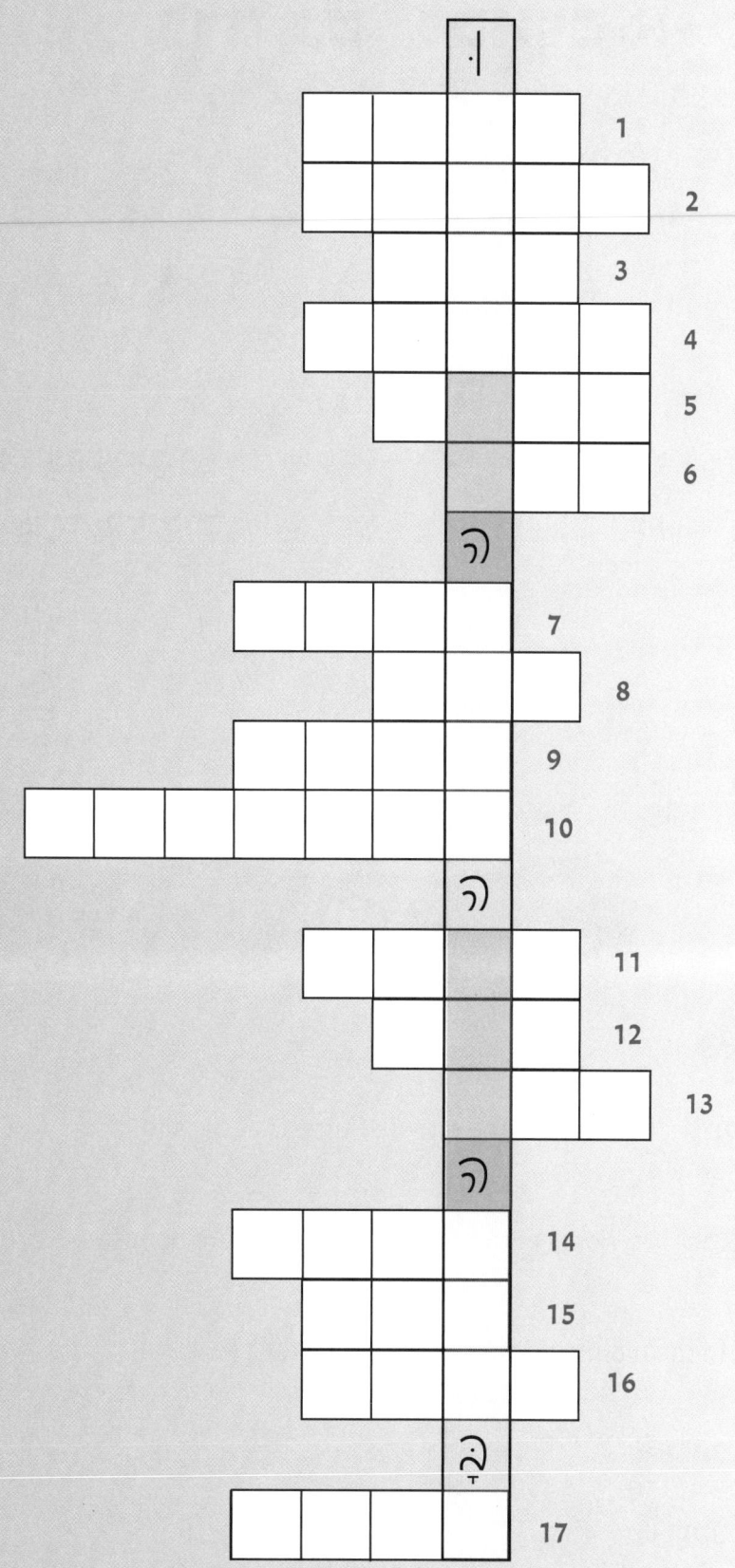

ה' מַבְטִיחַ לְיַעֲקֹב: " _____

_____ ."

# פֶּרֶק כט פְּסוּקִים א-לא

## יַעֲקֹב Leaves the מָקוֹם

### פֶּרֶק כט פָּסוּק א

א וַיִּשָּׂא[1] יַעֲקֹב רַגְלָיו,
וַיֵּלֶךְ אַרְצָה בְנֵי־קֶדֶם.

| | |
|---|---|
| 1 וַיִּשָּׂא (נ-שׂ-א): הוּא הֵרִים | he lifted |
| וַיִּשָּׂא...רַגְלָיו | he set out |

לִקְרֹא... לִמְצֹא... לְהַשְׁלִים... (פָּסוּק א)
(read) (find) (complete)

1 On p. 37, **highlight** in כָּחֹל the words in the picture frame that are similar.

2 On p. 37, **highlight** in צָהֹב the words in the picture frame that are opposites.

3 On p. 37, both פְּסוּקִים in the picture frame use the word וַיִּשָּׂא (he lifted).

In the beginning of the story, יַעֲקֹב lifts ______________________.

In the end of the story, יַעֲקֹב lifts ______________________.

4 Guess what will happen to יַעֲקֹב.
צַיְּרוּ אוֹ כִּתְבוּ — **Write** or **draw** on page 37.

## The Beginning of the Story

‏"וַיִּשָּׂא יַעֲקֹב רַגְלָיו, וַיֵּלֶךְ אַרְצָה בְנֵי־קֶדֶם."‏ (פֶּרֶק כט פָּסוּק א)

## The End of the Story

‏"וַיָּקָם יַעֲקֹב, וַיִּשָּׂא אֶת־בָּנָיו וְאֶת־נָשָׁיו עַל הַגְּמַלִּים...‏
‏לָבוֹא אֶל יִצְחָק אָבִיו אַרְצָה כְּנָעַן."‏ (פֶּרֶק לא פְּסוּקִים יז־יח)

**The מִסְגֶּרֶת of the Story**
The words that repeat at the beginning and at the end of a story are like a frame (מִסְגֶּרֶת) for the story.

# יַעֲקֹב Reaches a Well in the Field

## פֶּרֶק כט פְּסוּקִים ב–ג

ב וַיַּרְא וְהִנֵּה בְאֵר[1] בַּשָּׂדֶה
וְהִנֵּה־שָׁם שְׁלֹשָׁה עֶדְרֵי־צֹאן[2] רֹבְצִים[3] עָלֶיהָ
כִּי מִן הַבְּאֵר הַהִוא (הַהִיא) יַשְׁקוּ[4] הָעֲדָרִים,
וְהָאֶבֶן גְּדֹלָה עַל־פִּי הַבְּאֵר[5].

ג וְנֶאֶסְפוּ[6]־שָׁמָּה כָל־הָעֲדָרִים
וְגָלֲלוּ[7] אֶת־הָאֶבֶן מֵעַל פִּי הַבְּאֵר
וְהִשְׁקוּ אֶת־הַצֹּאן,
וְהֵשִׁיבוּ[8] אֶת־הָאֶבֶן עַל־פִּי הַבְּאֵר לִמְקֹמָהּ[9].

1 בְּאֵר well

2 עֶדְרֵי צֹאן

3 רֹבְצִים שׁוֹכְבִים lying

4 יַשְׁקוּ הֵם הָיוּ נוֹתְנִים לִשְׁתּוֹת
they would give [water] to drink

5 עַל־פִּי on the mouth of

עַל־פִּי הַבְּאֵר עַל הַבְּאֵר
on the [opening of the] well

6 וְנֶאֶסְפוּ (א־ס־פ) would be gathered

7 וְגָלֲלוּ (ג־ל־ל) הֵם גִּלְגְּלוּ
they would roll

8 וְהֵשִׁיבוּ (שׁ־ו־ב): הֵם הֶחְזִירוּ
they would return [it]

9 לִמְקֹמָהּ לַמָּקוֹם שֶׁלָּהּ to its place

## לִקְרֹא ... לִמְצֹא ... לְהַשְׁלִים ... (פְּסוּקִים ב-ג)
(read) (find) (complete)

1 On page 38, **highlight** in וָרֹד the word אֶבֶן.

2 **Highlight** in צָהֹב the word בְּאֵר.

3 **Highlight** in יָרֹק the verbs in פָּסוּק ג.

- What used to be gathered (נֶאֶסְפוּ)? The ____________________
- Who used to roll the rock (גָּלְלוּ)? The ____________________
- Who used to water the sheep (הִשְׁקוּ)? The ____________________
- Who used to put back the rock (הֵשִׁיבוּ)? The ____________________

4 הַשְׁלִימוּ — **Complete**:

| plural רַבִּים | | | | | singular יָחִיד |
|---|---|---|---|---|---|
| וּ | פ | סְ | אֶ | נֶ | be gathered נֶאֱסַף |
| וּ | | | | | roll גָּלַל |
| וּ | | | | | give water הִשְׁקָה |
| וּ | | | | | return [put back] הֵשִׁיב |

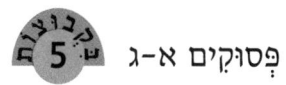

## GROUP 1 קְבוּצָה

### What Do We Know about the בְּאֵר?

- Where is the בְּאֵר?

________________________________________

- What is in the בְּאֵר?

________________________________________

- What would be gathered by the בְּאֵר?

________________________________________

- Why, in your opinion, do they cover the בְּאֵר?

________________________________________

________________________________________

## GROUP 2 קְבוּצָה

### What Do We Know about the אֶבֶן?

- Is the אֶבֶן large or small?

________________________________________

- What is the function of the אֶבֶן?

________________________________________

- What do they do with the אֶבֶן **before** they give water to the sheep?

________________________________________

- What do they do with the אֶבֶן **after** they give water to the sheep?

________________________________________

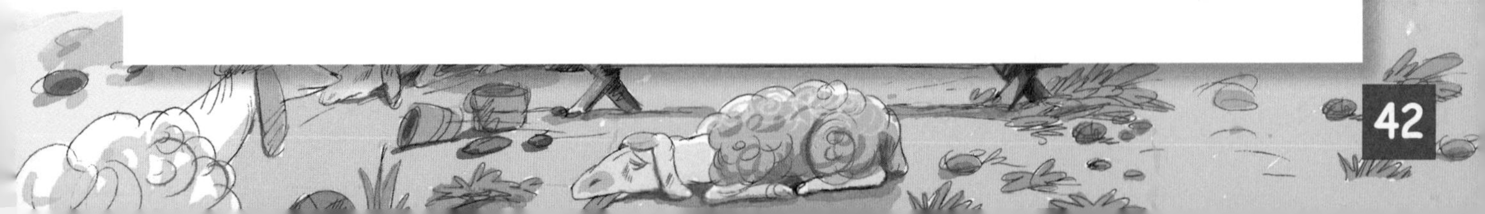

GROUP **3** קְבוּצָה

What Do We Know about the רוֹעִים?
shepherds

● What is function of the רוֹעִים?

_____

● Who are the רוֹעִים waiting for?

_____

● What are they waiting for?

_____

● What do the רוֹעִים do **before** they give water to the sheep?

_____

● What do the רוֹעִים do **after** they give water to the sheep?

_____

## רוֹעִים and the יַעֲקֹב

shepherds

### פֶּרֶק כט פְּסוּקִים ד–ט

ד וַיֹּאמֶר לָהֶם יַעֲקֹב: "אַחַי[1] מֵאַיִן[2] אַתֶּם?"
וַיֹּאמְרוּ: "מֵחָרָן אֲנָחְנוּ."

ה וַיֹּאמֶר לָהֶם: "הַיְדַעְתֶּם[3] אֶת-לָבָן בֶּן-נָחוֹר?"
וַיֹּאמְרוּ: "יָדָעְנוּ[4]."

ו וַיֹּאמֶר לָהֶם: "הֲשָׁלוֹם לוֹ?"
וַיֹּאמְרוּ: "שָׁלוֹם,
וְהִנֵּה רָחֵל בִּתּוֹ בָּאָה עִם הַצֹּאן."

ז וַיֹּאמֶר: "הֵן[5] עוֹד הַיּוֹם גָּדוֹל[6]
לֹא-עֵת[7] הֵאָסֵף[8] הַמִּקְנֶה[9]?
הַשְׁקוּ הַצֹּאן וּלְכוּ רְעוּ[10]."

1 אַחַי הָאַחִים שֶׁלִּי my brothers

2 מֵאַיִן מֵאֵיפֹה from where?

3 הַיְדַעְתֶּם (י-ד-ע) הַאִם אַתֶּם יוֹדְעִים? do you know?

4 יָדָעְנוּ (י-ד-ע) אֲנַחְנוּ יוֹדְעִים we know

5 הֵן הִנֵּה look here!

6 עוֹד הַיּוֹם גָּדוֹל עוֹד הַיּוֹם אָרֹךְ it is still broad daylight

7 לֹא-עֵת לֹא הַזְּמַן it is not yet time

8 הֵאָסֵף (א-ס-פ) לֶאֱסֹף to gather

9 הַמִּקְנֶה הַצֹּאן וְהַבָּקָר the sheep and cattle

10 לְכוּ רְעוּ לְכוּ לִרְעוֹת אֶת הַצֹּאן go take [the sheep] to pasture

ח וַיֹּאמְרוּ: "לֹא נוּכַל עַד אֲשֶׁר יֵאָסְפוּ כָל-הָעֲדָרִים
וְגָלְלוּ אֶת-הָאֶבֶן מֵעַל פִּי הַבְּאֵר,
וְהִשְׁקִינוּ הַצֹּאן."

ט עוֹדֶנּוּ מְדַבֵּר[10] עִמָּם[11],
וְרָחֵל בָּאָה עִם הַצֹּאן אֲשֶׁר לְאָבִיהָ[12]
כִּי רֹעָה הִוא (הִיא).

10 עוֹדֶנּוּ מְדַבֵּר  בִּזְמַן שֶׁהוּא מְדַבֵּר
as he was speaking

11 עִמָּם  אִתָּם  with them

12 אֲשֶׁר לְאָבִיהָ  שֶׁל אַבָּא שֶׁלָּהּ
that [belonged] to her father

## לִקְרֹא... לִמְצֹא... לְהַשְׁלִים... (פְּסוּקִים ב-ג)
(read) (find) (complete)

בְּבַקָּשָׁה:

1. On pages 44–45, **highlight** in צָהֹב the words that יַעֲקֹב says.

2. **Highlight** in יָרֹק the words that the רוֹעִים say.

3. יַעֲקֹב learns from his conversation with the רוֹעִים that:

   - he has come to ______________________.
   - he is close to the home of ______________________.
   - that לָבָן has a ________________, and her name is ________________.

4. יַעֲקֹב suggests to the רוֹעִים that they should water their sheep. (פָּסוּק ז)
   They reply, "לֹא נוּכַל". (פָּסוּק ח)

   - What were the רוֹעִים waiting for? ______________________________________________

     ______________________________________________________________________

   - What was needed in order to move the rock? ____________________________________

     ______________________________________________________________________

   - What was the purpose of bringing the flocks all together at the well? ______________

     ______________________________________________________________________

# רָחֵל Meets יַעֲקֹב

## פֶּרֶק כט פְּסוּקִים י־יב

י וַיְהִי כַּאֲשֶׁר רָאָה יַעֲקֹב אֶת־רָחֵל בַּת־לָבָן אֲחִי אִמּוֹ
וְאֶת־צֹאן לָבָן אֲחִי אִמּוֹ,
וַיִּגַּשׁ[1] יַעֲקֹב
וַיָּגֶל[2] אֶת־הָאֶבֶן מֵעַל פִּי הַבְּאֵר
וַיַּשְׁקְ[3] אֶת־צֹאן לָבָן אֲחִי[4] אִמּוֹ.

יא וַיִּשַּׁק[5] יַעֲקֹב לְרָחֵל,
וַיִּשָּׂא אֶת־קֹלוֹ
וַיֵּבְךְּ[6].

יב וַיַּגֵּד[7] יַעֲקֹב לְרָחֵל כִּי אֲחִי אָבִיהָ[8] הוּא
וְכִי בֶן־רִבְקָה הוּא,
וַתָּרָץ[9] וַתַּגֵּד[10] לְאָבִיהָ.

| | | | |
|---|---|---|---|
| 1 | וַיִּגַּשׁ | (נ-ג-ש) הוּא נִגַּשׁ, בָּא קָרוֹב | he approached, he came near |
| 2 | וַיָּגֶל | (ג-ל-ל) | he rolled |
| 3 | וַיַּשְׁקְ | (ש-ק-ה): נָתַן מַיִם לִשְׁתּוֹת | he gave water to drink |
| 4 | אֲחִי | הָאָח שֶׁל | the brother of |
| 5 | וַיִּשַּׁק | (נ-ש-ק): נָתַן לָהּ נְשִׁיקָה | he kissed her |
| 6 | וַיֵּבְךְּ | (ב-כ-ה) הוּא בָּכָה | he cried |
| 7 | וַיַּגֵּד | (נ-ג-ד) הוּא הִגִּיד | he told |
| 8 | אָבִיהָ | אַבָּא שֶׁלָּהּ | her father |
| 9 | וַתָּרָץ | (ר-ו-צ): הִיא רָצָה | she ran |
| 10 | וַתַּגֵּד | הִיא הִגִּידָה | she told |

## לִקְרֹא... לִמְצֹא... לְהַשְׁלִים... (פְּסוּקִים י-יב)
(read) (find) (complete)

בְּבַקָּשָׁה:

**1** On page 47, **highlight** in צָהֹב the actions that יַעֲקֹב does.

**2** **Highlight** in וָרֹד the actions that רָחֵל does.

**3** **Highlight** in יָרֹק the כִּנּוּי that repeats. (פָּסוּק י)

3א הַשְׁלִימוּ – **Complete** the כִּנּוּי:

- רָחֵל is the daughter of: "לָבָן ______ ______"
- יַעֲקֹב saw the sheep belonging to: "לָבָן ______ ______"
- יַעֲקֹב watered the sheep belonging to: "לָבָן ______ ______"

3ב Why, in your opinion, is the same thing written 3 times? Because ______________________________

______________________________.

**4** הַשְׁלִימוּ – **Complete**:

| Who Did It? | לְשׁוֹנֵנוּ | | לְשׁוֹן הַתּוֹרָה |
|---|---|---|---|
| יַעֲקֹב | he approached | הוּא נִגַּשׁ | וַיִּגַּשׁ |
| ______ | ______ rolled | גָּלַל ______ | ______ |
| ______ | ______ watered | הִשְׁקָה ______ | ______ |
| ______ | ______ kissed | נִשֵּׁק ______ | ______ |
| ______ | ______ cried | בָּכָה ______ | ______ |
| ______ | she ran | הִיא רָצָה | ______ |
| ______ | ______ told | הִגִּידָה ______ | וַתַּגֵּד |

## לַחְשֹׁב... לְהָבִין... לְהַרְגִּישׁ... (פְּסוּקִים י-יב)
(think) (understand) (feel)

**Sometimes –**
**Many verbs = Strong feelings**

**1** הַשְׁלִימוּ – Complete:

| What Does יַעֲקֹב Feel? (Write or Draw) | What Does יַעֲקֹב Do? (פְּסוּקִים י–יא) |
| --- | --- |
| | "וַי_______________" |
| | "וַי_______________" |
| | "וַי_______________" |
| | "וַי_______________" |
| | "וַי_______________" |
| | "וַי_______________" |

**2** **Highlight** in יָרֹק the surprising thing that יַעֲקֹב does:

**The shepherds said:**

"לֹא נוּכַל עַד אֲשֶׁר יֵאָסְפוּ כָל־הָעֲדָרִים
וְגָלְלוּ אֶת־הָאֶבֶן מֵעַל פִּי הַבְּאֵר,
וְהִשְׁקִינוּ הַצֹּאן."
(פָּסוּק ח)

**It is written about יַעֲקֹב:**

"וַיִּגַּשׁ יַעֲקֹב
וַיָּגֶל אֶת־הָאֶבֶן מֵעַל פִּי הַבְּאֵר
וַיַּשְׁקְ אֶת־צֹאן לָבָן אֲחִי אִמּוֹ."
(פָּסוּק י)

**3** What, in your opinion, "helped" יַעֲקֹב to roll the rock?

______________________________

**4** Why, in your opinion, does יַעֲקֹב cry? He cries because ______________________________

______________________________

"הֵד" מִסִּפּוּר אַחֵר

**5** What is similar in these two stories? **Mark ✓.**

**The servant of אַבְרָהָם goes to find a wife for יִצְחָק**
(פֶּרֶק כד פְּסוּקִים י–כט)

**יַעֲקֹב goes to find a wife**
(פֶּרֶק כט פְּסוּקִים א–יב)

- ☐ He came from far away.
- ☐ He came to find a wife.
- ☐ He brings gifts.
- ☐ He meets a woman by a well.
- ☐ Someone draws water.
- ☐ The woman runs to לָבָן.

5א Which of these is missing from the story about יַעֲקֹב?

______________________________

5ב יַעֲקֹב does not bring ______________________________. Why?

Because ______________________________

______________________________.

# לָבָן Meets יַעֲקֹב

## פֶּרֶק כט פְּסוּקִים יג-יד

יג וַיְהִי כִשְׁמֹעַ[1] לָבָן אֶת־שֵׁמַע יַעֲקֹב בֶּן־אֲחֹתוֹ
וַיָּרָץ לִקְרָאתוֹ[2]
וַיְחַבֶּק[3]-לוֹ
וַיְנַשֶּׁק[4]-לוֹ
וַיְבִיאֵהוּ[5] אֶל בֵּיתוֹ,
וַיְסַפֵּר לְלָבָן אֵת כָּל־הַדְּבָרִים הָאֵלֶּה.

יד וַיֹּאמֶר לוֹ לָבָן:
"אַךְ עַצְמִי וּבְשָׂרִי אָתָּה[6],"
וַיֵּשֶׁב עִמּוֹ חֹדֶשׁ יָמִים.

1 כִּשְׁמֹעַ (שׁ-מ-ע) כַּאֲשֶׁר הוּא שָׁמַע
when he heard

2 לִקְרָאתוֹ toward him

3 וַיְחַבֶּק (ח־ב־ק): הוּא חִבֵּק he hugged

4 וַיְנַשֶּׁק (נ־שׁ־ק): הוּא נָתַן נְשִׁיקָה he kissed

5 וַיְבִיאֵהוּ (ב־ו־א): הוּא הֵבִיא אוֹתוֹ
he brought him

6 אַךְ עַצְמִי וּבְשָׂרִי אָתָּה you are certainly
my flesh and bone

## לִקְרֹא... לִמְצֹא... לְהַשְׁלִים... (פְּסוּקִים יג-יד)
(read) (find) (complete)

בְּבַקָּשָׁה:

**1** On page 51, **highlight** in כָּחֹל the actions that לָבָן does.

**2** לָבָן says to יַעֲקֹב that יַעֲקֹב is a member of his own family. הַשְׁלִימוּ — **Complete**:

"________________________________" (פָּסוּק ____)

**3** הַשְׁלִימוּ וְצַיְּרוּ — **Complete and draw:**

| בִּלְשׁוֹן הַתּוֹרָה | בִּלְשׁוֹנֵנוּ |
|---|---|
| "וַיָּרָץ" | ____________ ____________ |
| "____________" | הוּא חִבֵּק (נָתַן חִבּוּק) he hugged (gave a hug) |
| "____________" | הוּא נִשֵּׁק (נָתַן נְשִׁיקָה) he kissed (gave a kiss) |
| "____________" | הוּא הֵבִיא אוֹתוֹ he brought him |

## לַחְשֹׁב... לְהָבִין... לְהַרְגִּישׁ... (פְּסוּקִים יג-יד)

(think) (understand) (feel)

**Sometimes –**
**Many verbs = Strong feelings**

1 הַשְׁלִימוּ – Complete:

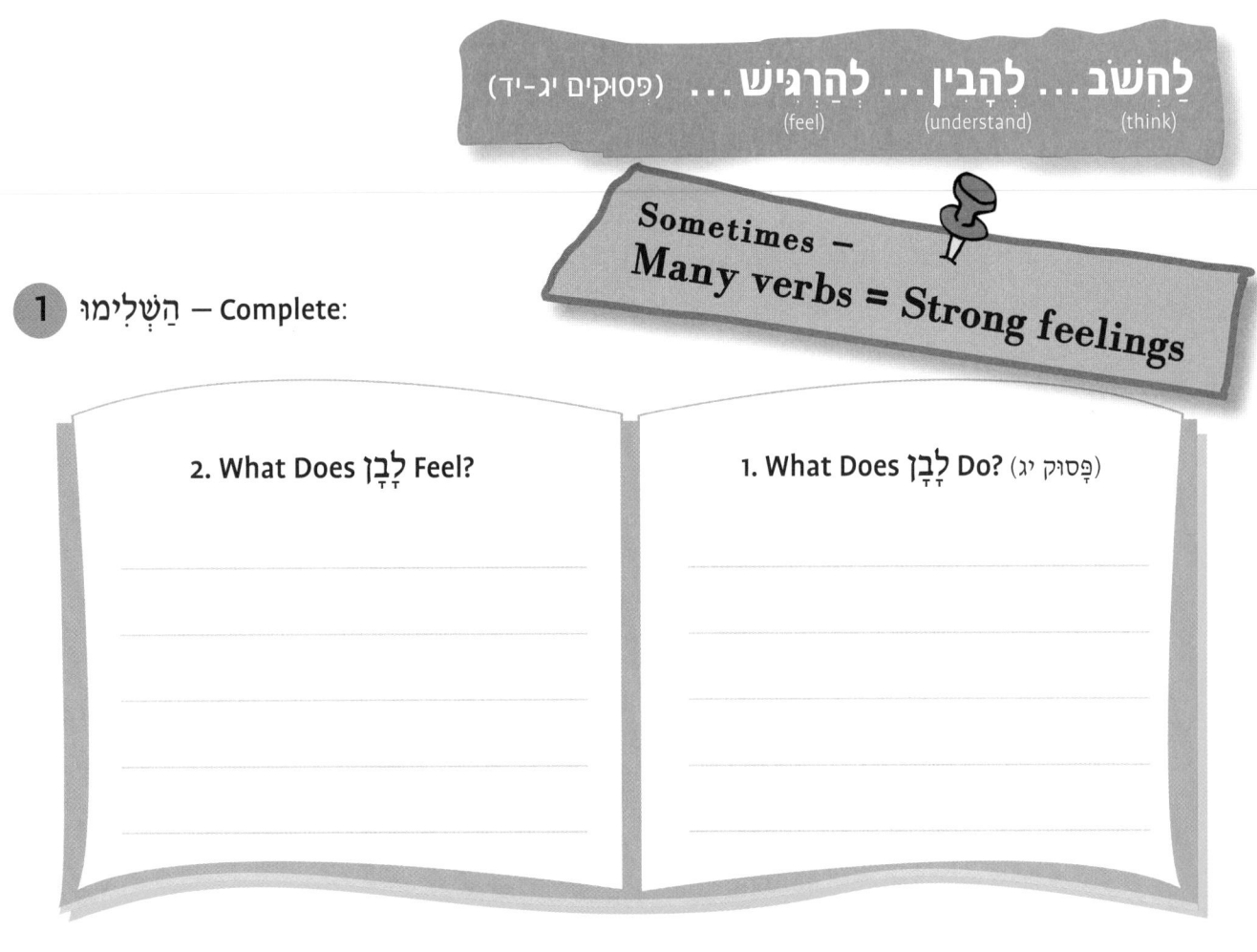

**1. What Does לָבָן Do?** (פָּסוּק יג)

_______________
_______________
_______________
_______________
_______________

**2. What Does לָבָן Feel?**

_______________
_______________
_______________
_______________
_______________

בקבוצות 2 **"וַיְסַפֵּר לְלָבָן אֵת כָּל־הַדְּבָרִים הָאֵלֶּה."** (פָּסוּק יג)

You are יַעֲקֹב. What do you tell לָבָן? What do you not tell לָבָן?

| We would tell: | We would not tell: |
| --- | --- |
| _______________ | _______________ |
| _______________ | _______________ |
| _______________ | _______________ |
| _______________ | _______________ |
| _______________ | _______________ |

## The First Seven Years in the Home of לָבָן

### פֶּרֶק כט פְּסוּקִים טו–כ

טו וַיֹּאמֶר לָבָן לְיַעֲקֹב: "הֲכִי אָחִי אַתָּה[1] וַעֲבַדְתַּנִי[2] חִנָּם[3]?
הַגִּידָה לִּי[4] מַה־מַּשְׂכֻּרְתֶּךָ[5]."

טז וּלְלָבָן שְׁתֵּי בָנוֹת,
שֵׁם הַגְּדֹלָה לֵאָה וְשֵׁם הַקְּטַנָּה רָחֵל.

יז וְעֵינֵי[6] לֵאָה רַכּוֹת[7],
וְרָחֵל הָיְתָה יְפַת־תֹּאַר וִיפַת מַרְאֶה[8].

1 **אָחִי אַתָּה** אַתָּה בֶּן הַמִּשְׁפָּחָה שֶׁלִּי
you are a member of my own family

**הֲכִי אָחִי אַתָּה** just because you are a member of my own family

2 **וַעֲבַדְתַּנִי** (ע־ב־ד) אַתָּה תַּעֲבֹד בִּשְׁבִילִי
should you work for me?

3 **חִנָּם** בְּלִי לְקַבֵּל כֶּסֶף for free

4 **הַגִּידָה לִּי** תַּגִּיד לִי tell me

5 **מַשְׂכֻּרְתֶּךָ** (שׂ־כ־ר) הַמַּשְׂכֹּרֶת שֶׁלְּךָ
your salary

6 **וְעֵינֵי** וְהָעֵינַיִם שֶׁל the eyes of

7 **רַכּוֹת** weak, soft

8 **יְפַת־תֹּאַר וִיפַת מַרְאֶה** יָפָה מְאֹד מְאֹד
shapely and beautiful

יח וַיֶּאֱהַב יַעֲקֹב אֶת־רָחֵל,
וַיֹּאמֶר: "אֶעֱבָדְךָ⁹ שֶׁבַע שָׁנִים בְּרָחֵל¹⁰ בִּתְּךָ הַקְּטַנָּה."

יט וַיֹּאמֶר לָבָן: "טוֹב תִּתִּי¹¹ אֹתָהּ לָךְ מִתִּתִּי אֹתָהּ לְאִישׁ אַחֵר, שְׁבָה עִמָּדִי¹²."

כ וַיַּעֲבֹד יַעֲקֹב בְּרָחֵל שֶׁבַע שָׁנִים, וַיִּהְיוּ בְעֵינָיו¹³ כְּיָמִים אֲחָדִים¹⁴ בְּאַהֲבָתוֹ אֹתָהּ¹⁵.

| | |
|---|---|
| 9 אֶעֱבָדְךָ (ע-ב-ד) אֶעֱבֹד בִּשְׁבִילְךָ | I will work for you |
| 10 בְּרָחֵל רָחֵל | for |
| 11 תִּתִּי (נ-ת-נ) שֶׁאֲנִי אֶתֵּן | that I should give |
| מִתִּתִּי | than I should give |
| 12 שְׁבָה עִמָּדִי שֵׁב אִתִּי | stay with me |
| 13 בְּעֵינָיו בָּעֵינַיִם שֶׁלּוֹ | in his eyes |
| 14 כְּיָמִים אֲחָדִים כְּיָמִים מְעַטִּים | like a few days |
| 15 בְּאַהֲבָתוֹ אוֹתָהּ | because of his love for her |

לִקְרֹא ... לִמְצֹא ... לְהַשְׁלִים ... (פְּסוּקִים טו-כ)
(complete) (find) (read)

בְּבַקָּשָׁה:

**1** On page 54, **highlight** in כָּחֹל the question that לָבָן asks.

**2** On page 55, **highlight** in צָהֹב the answer that יַעֲקֹב gives.

**3** Whose names do you see between the question and the answer?

_____ and _____

3א **Highlight** these names in וָרֹד.

**4** Draw a ⬚box⬚ around words from the repeating שֹׁרֶשׁ of ע–ב–ד.

**5** הַשְׁלִימוּ — **Complete**:

● לָבָן שׁוֹאֵל: "מַה _____ ?" (פָּסוּק ___)
                      asks

● יַעֲקֹב עוֹנֶה: "_____ שֶׁבַע שָׁנִים _____
                      answers

 _____ " (פָּסוּק ___)

בַּר אֵם

6 What do we know about לֵאָה?

7 What do we know about רָחֵל?

8 We know that in the eyes of יַעֲקֹב, the time passed ☐ quickly ☐ slowly
because it is written:

"

" (פָּסוּק ____)

9 Does לָבָן promise רָחֵל to יַעֲקֹב? What do you think? (פָּסוּק יט)

Yes, because

.

No, because

.

# יַעֲקֹב and לָבָן

## פֶּרֶק כט פְּסוּקִים כא-כז

| | |
|---|---|
| 1 | הָבָה תֵּן לִי give me |
| 2 | מָלְאוּ יָמַי בָּא הַזְּמַן my time is completed |
| 3 | וְאָבוֹאָה אֲנִי אָבוֹא so that I be with her as my wife |
| 4 | וַיֶּאֱסֹף (א-ס-ף) הוּא אָסַף he gathered |
| 5 | מִשְׁתֶּה חֲגִיגָה party, banquet |
| 6 | וַיָּבֵא (ב-ו-א) הוּא הֵבִיא he brought |
| 7 | וַיָּבֹא אֵלֶיהָ (ב-ו-א) הוּא בָּא אֵלֶיהָ he was with her as his wife |
| 8 | שִׁפְחָתוֹ הַשִּׁפְחָה שֶׁלּוֹ his maid |
| 9 | שִׁפְחָה as [her] maid |

כא וַיֹּאמֶר יַעֲקֹב אֶל לָבָן: "הָבָה[1] אֶת־אִשְׁתִּי
כִּי מָלְאוּ יָמָי[2],
וְאָבוֹאָה[3] אֵלֶיהָ."

כב וַיֶּאֱסֹף[4] לָבָן אֶת־כָּל־אַנְשֵׁי הַמָּקוֹם וַיַּעַשׂ מִשְׁתֶּה[5].

כג וַיְהִי בָעֶרֶב
וַיִּקַּח אֶת־לֵאָה בִתּוֹ וַיָּבֵא[6] אֹתָהּ אֵלָיו,
וַיָּבֹא[7] אֵלֶיהָ.

כד וַיִּתֵּן לָבָן לָהּ אֶת־זִלְפָּה שִׁפְחָתוֹ[8],
לְלֵאָה בִתּוֹ שִׁפְחָה[9].

9 הֲלֹא isn't it true?

10 רִמִּיתָנִי (ר-מ-ה) אַתָּה רִמִּיתָ אוֹתִי
you have deceived me

11 לֹא-יֵעָשֶׂה כֵן לֹא עוֹשִׂים כָּךְ
this is not done

12 מַלֵּא complete

13 שְׁבֻעַ זֹאת the [wedding celebration] week of this one [לֵאָה]

14 וְנִתְּנָה (נ-ת-נ) וְנִתֵּן and we will give

15 אֶת-זֹאת אֶת הָאִשָּׁה הַזֹּאת
that one [רָחֵל]

16 עִמָּדִי אִתִּי (בִּשְׁבִילִי) with me (for me)

כה וַיְהִי בַבֹּקֶר
וְהִנֵּה-הִוא (הִיא) לֵאָה,
וַיֹּאמֶר אֶל לָבָן: "מַה-זֹּאת עָשִׂיתָ לִּי?
הֲלֹא[9] בְרָחֵל עָבַדְתִּי עִמָּךְ וְלָמָּה רִמִּיתָנִי[10]?"

כו וַיֹּאמֶר לָבָן: "לֹא יֵעָשֶׂה כֵן[11] בִּמְקוֹמֵנוּ,
לָתֵת הַצְּעִירָה לִפְנֵי הַבְּכִירָה.

כז מַלֵּא[12] שְׁבֻעַ זֹאת[13],
וְנִתְּנָה[14] לְךָ גַּם אֶת-זֹאת[15] בַּעֲבֹדָה אֲשֶׁר תַּעֲבֹד עִמָּדִי[16]
עוֹד שֶׁבַע שָׁנִים אֲחֵרוֹת."

## לִקְרֹא... לִמְצֹא... לְהַשְׁלִים... (פְּסוּקִים כא-כז)
(read) (find) (complete)

בְּבַקָּשָׁה:

1. On pages 58–59, **highlight** in צָהֹב the words that יַעֲקֹב says.

2. **Highlight** in כָּחֹל the words that לָבָן says.

3. What happened in the evening? ______________________________

4. What happened in the morning? ______________________________

5. יַעֲקֹב asks two questions:

   1. ______________________________

   2. ______________________________

6. לָבָן answers:
   "לֹא יֵעָשֶׂה כֵן בִּמְקוֹמֵנוּ." (פָּסוּק כו)

   What "לֹא יֵעָשֶׂה" ("is not done")?

   ______________________________

   ______________________________

7. יַעֲקֹב is silent and does not answer לָבָן. Why?

   ______________________________

   ______________________________

8. What does לָבָן ask from יַעֲקֹב in order to marry רָחֵל?

   ______________________________

# לַחְשֹׁב... לְהָבִין... לְהַרְגִּישׁ... (פְּסוּקִים כא-כז)

(think) (understand) (feel)

**1** מִתְחוּ קַו – **Draw a line** between things that are similar about יַעֲקֹב in these two פָּרָשׁוֹת:

| פָּרָשַׁת "תּוֹלְדוֹת" | פָּרָשַׁת "וַיֵּצֵא" |
|---|---|
| The custom: The elder receives the בְּרָכָה.<br>הַמִּנְהָג: הַבְּכוֹר מְקַבֵּל אֶת הַבְּרָכָה | לָבָן deceives יַעֲקֹב.<br>לָבָן מְרַמֶּה אֶת יַעֲקֹב. |
| יִצְחָק does not see, since he is blind.<br>יִצְחָק לֹא רוֹאֶה כִּי הוּא עִוֵּר. | יַעֲקֹב does not see because it is dark.<br>יַעֲקֹב לֹא רוֹאֶה, כִּי חֹשֶׁךְ. |
| יַעֲקֹב comes in place of עֵשָׂו.<br>יַעֲקֹב בָּא בִּמְקוֹם עֵשָׂו. | יַעֲקֹב thinks that לֵאָה is רָחֵל.<br>יַעֲקֹב חוֹשֵׁב שֶׁלֵּאָה הִיא רָחֵל. |
| יִצְחָק thinks יַעֲקֹב is עֵשָׂו.<br>יִצְחָק חוֹשֵׁב שֶׁיַּעֲקֹב הוּא עֵשָׂו. | The custom:<br>The elder child marries before the younger.<br>הַמִּנְהָג: הַבְּכוֹרָה מִתְחַתֶּנֶת לִפְנֵי הַצְּעִירָה. |
| יַעֲקֹב deceives יִצְחָק.<br>יַעֲקֹב מְרַמֶּה אֶת יִצְחָק. | לֵאָה comes in place of רָחֵל.<br>לֵאָה בָּאָה בִּמְקוֹם רָחֵל. |

אוֹ What do you learn from the similarity of the stories?

**"מִדָּה כְּנֶגֶד מִדָּה":**
What you have done — will happen back to you. For example:
If you have stolen from someone, someone will steal from you.

**2** Is there an example of מִדָּה כְּנֶגֶד מִדָּה in this story? Mark ✓: ☐ Yes ☐ No

because יַעֲקֹב _____ .

and לָבָן _____ .

**3** Why does לָבָן say, "לֹא יֵעָשֶׂה כֵן בִּמְקוֹמֵנוּ" ("this is not done **in our place**")?

Because _____

_____ .

**4** What do you think about what happened to יַעֲקֹב?

| On the one hand, _____ | ? | On the other, _____ |
|---|---|---|
| _____ | | _____ |
| _____ | | _____ |

In my opinion, _____

_____

_____

פַּרְשַׁת וַיֵּצֵא

# יַעֲקֹב Marries רָחֵל

## פֶּרֶק כט פְּסוּקִים כח-לא

כח וַיַּעַשׂ[1] יַעֲקֹב כֵּן וַיְמַלֵּא שְׁבֻעַ זֹאת[2],
וַיִּתֶּן-לוֹ אֶת־רָחֵל בִּתּוֹ לוֹ לְאִשָּׁה.

כט וַיִּתֵּן לָבָן לְרָחֵל בִּתּוֹ אֶת־בִּלְהָה שִׁפְחָתוֹ,
לָהּ לְשִׁפְחָה.

ל וַיָּבֹא גַּם אֶל רָחֵל
וַיֶּאֱהַב גַּם אֶת־רָחֵל מִלֵּאָה,
וַיַּעֲבֹד עִמּוֹ[3] עוֹד שֶׁבַע שָׁנִים אֲחֵרוֹת[4].

לא וַיַּרְא ה' כִּי שְׂנוּאָה[5] לֵאָה
וַיִּפְתַּח אֶת־רַחְמָהּ[6],
וְרָחֵל עֲקָרָה[7].

1 וַיַּעַשׂ (ע-שׂ-ה): הוּא עָשָׂה he did
2 שְׁבֻעַ זֹאת the [wedding celebration] week of this one [לֵאָה]
3 עִמּוֹ בִּשְׁבִילוֹ with him (for him)
4 אֲחֵרוֹת נוֹסָפוֹת additional
5 שְׂנוּאָה שֶׁיַּעֲקֹב שׂוֹנֵא אוֹתָהּ she was hated
6 וַיִּפְתַּח אֶת־רַחְמָהּ הִיא יְכוֹלָה הָיְתָה לָלֶדֶת [God] enabled her to give birth
7 עֲקָרָה לֹא יְכוֹלָה לָלֶדֶת not able to give birth

## לִקְרֹא... לִמְצֹא... לְהַשְׁלִים... (פְּסוּקִים כח-לא)
(read) (find) (complete)

בְּבַקָּשָׁה:

**1** Draw a box around the words from the שֹׁרֶשׁ of **ע-ב-ד** in these **פְּסוּקִים**:

- **וַיֹּאמֶר: אֶעֱבָדְךָ שֶׁבַע שָׁנִים בְּרָחֵל בִּתְּךָ הַקְּטַנָּה.** (פָּסוּק יח)
- **וַיַּעֲבֹד יַעֲקֹב בְּרָחֵל שֶׁבַע שָׁנִים...** (פָּסוּק כ)
- **מַלֵּא שְׁבֻעַ זֹאת, וְנִתְּנָה לְךָ גַּם אֶת־זֹאת בַּעֲבֹדָה אֲשֶׁר תַּעֲבֹד עִמָּדִי עוֹד שֶׁבַע שָׁנִים אֲחֵרוֹת.** (פָּסוּק כז)
- **וַיָּבֹא גַּם אֶל רָחֵל... וַיַּעֲבֹד עִמּוֹ עוֹד שֶׁבַע שָׁנִים אֲחֵרוֹת.** (פָּסוּק ל)

1א Words from the שֹׁרֶשׁ of **ע-ב-ד** occur ☐ times.

because ______________________________________________

______________________________________________________.

1ב **כִּתְבוּ** – **Write** a sentence about **יַעֲקֹב** using a word from the שֹׁרֶשׁ of **ע-ב-ד**.

______________________________________________________

1ג **Circle** the words **שֶׁבַע שָׁנִים** in the **פְּסוּקִים** above.

1ד **יַעֲקֹב** works for **לָבָן** for __________ more years in order to marry **רָחֵל**.

**יַעֲקֹב** works for **לָבָן** for a total of __________ years.

**2** About יַעֲקֹב it is written:

וַיֶּאֱהַב יַעֲקֹב אֶת־רָחֵל. (פָּסוּק יח)

וַיִּהְיוּ בְעֵינָיו כְּיָמִים אֲחָדִים בְּאַהֲבָתוֹ אֹתָהּ. (פָּסוּק כ)

וַיֶּאֱהַב גַּם־אֶת־רָחֵל מִלֵּאָה. (פָּסוּק ל)

2א **Highlight** in וָרֹד the repeating שֹׁרֶשׁ.

**3** הַשְׁלִימוּ – **Complete:** (פְּסוּקִים ל-לא)

Fill in the name of the correct דְּמוּת for each sentence (רָחֵל, לֵאָה, יַעֲקֹב):

______________________ loved רָחֵל.

______________________ was the hated wife.

______________________ was not able to have children.

**4** הַשְׁלִימוּ – **Complete** the names in the picture on page 84.

## In Summary — לְסִכּוּם — פֶּרֶק כט

**1** I learned this about יַעֲקֹב: ____________________

____________________

I learned this about לָבָן: ____________________

____________________

**2** בַּחֲרוּ — **Choose** to be: לָבָן | יַעֲקֹב | רָחֵל | לֵאָה

סַפְּרוּ — **Tell** the story from the point of view of your דְּמוּת.
כִּתְבוּ — **Write** it in the diary below.

# The End of the Matter

## פֶּרֶק ל פָּסוּק מג

1 וַיִּפְרֹץ (פ-ר-צ) הָיָה עָשִׁיר מְאֹד
became very wealthy

2 וַחֲמֹרִים 

וַיִּפְרֹץ[1] הָאִישׁ מְאֹד מְאֹד,
וַיְהִי־לוֹ צֹאן רַבּוֹת וּשְׁפָחוֹת וַעֲבָדִים וּגְמַלִּים וַחֲמֹרִים[2].
(פֶּרֶק ל פָּסוּק מג)

**1** In what way is יַעֲקֹב wealthy? כִּתְבוּ אוֹ צַיְּרוּ – **Write** or **draw**.

**2** Has God kept his promise? קִרְאוּ – **Read** פֶּרֶק כח פְּסוּקִים יג-יד.

Yes, because ______________________________

______________________________.

No, because ______________________________

______________________________.

# פֶּרֶק לא פְּסוּקִים א-ז, יא-יח

## What Has Changed?

### פֶּרֶק לא פְּסוּקִים א-ג

א וַיִּשְׁמַע אֶת־דִּבְרֵי[1] בְנֵי לָבָן לֵאמֹר:
"לָקַח יַעֲקֹב אֵת כָּל־אֲשֶׁר לְאָבִינוּ[2],
וּמֵאֲשֶׁר לְאָבִינוּ עָשָׂה אֵת כָּל־הַכָּבֹד[3] הַזֶּה."

ב וַיַּרְא יַעֲקֹב אֶת־פְּנֵי לָבָן[4],
וְהִנֵּה אֵינֶנּוּ עִמּוֹ כִּתְמוֹל שִׁלְשׁוֹם[5].

ג וַיֹּאמֶר ה' אֶל יַעֲקֹב:
"שׁוּב[6] אֶל אֶרֶץ אֲבוֹתֶיךָ וּלְמוֹלַדְתֶּךָ,
וְאֶהְיֶה עִמָּךְ."

1 דִּבְרֵי הַדְּבָרִים שֶׁל (מַה שֶּׁהֵם אָמְרוּ) the words of (what they said)

2 אֲשֶׁר לְאָבִינוּ מַה שֶּׁהָיָה לְאָבִינוּ what our father had

3 כָּבֹד עֹשֶׁר wealth

4 פְּנֵי לָבָן הַפָּנִים שֶׁל לָבָן Lavan's face

5 כִּתְמוֹל שִׁלְשׁוֹם כְּמוֹ אֶתְמוֹל וּכְמוֹ לִפְנֵי אֶתְמוֹל as [it had been] yesterday and before

6 שׁוּב לֵךְ בַּחֲזָרָה return

פֶּרֶק כט פָּסוּק יג

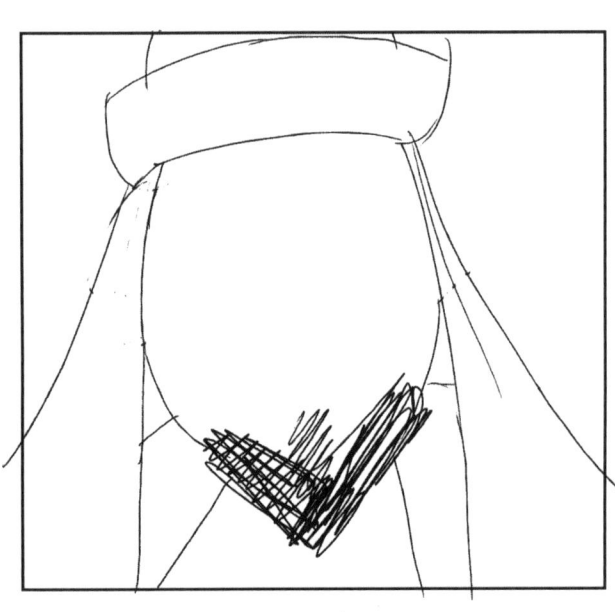

פֶּרֶק לא פָּסוּק ב

## לִקְרֹא... לִמְצֹא... לְהַשְׁלִים... (פְּסוּקִים א-ג)

(read) (find) (complete)

בְּבַקָּשָׁה:

1. On page 68, **highlight** in כָּחֹל what יַעֲקֹב hears.

2. הַשְׁלִימוּ – **Complete** in לְשׁוֹן הַתּוֹרָה.

   בְּנֵי לָבָן say:

   - that יַעֲקֹב has taken everything "________ אֲשֶׁר לְ".
   - that יַעֲקֹב has made his wealth completely "________ מֵאֲשֶׁר לְ".

3. What, in your opinion, are בְּנֵי לָבָן feeling?

   ______________________________

   ______________________________

4. **Highlight** in צָהֹב what יַעֲקֹב sees.

5. צַיְּרוּ – **Draw** on page 68 the face of לָבָן as יַעֲקֹב saw it.

6. What does ה' tell יַעֲקֹב to do? (פָּסוּק ג)

   ______________________________

   ______________________________

**7** The land to which יַעֲקֹב must return is ______________ אֶרֶץ.

**8** Highlight the similarities in וָרֹד:

promises
**ה' מַבְטִיחַ** (פֶּרֶק כח פָּסוּק טו)

וְהִנֵּה אָנֹכִי עִמָּךְ
וּשְׁמַרְתִּיךָ בְּכֹל אֲשֶׁר תֵּלֵךְ
וַהֲשִׁבֹתִיךָ אֶל הָאֲדָמָה הַזֹּאת,
כִּי לֹא אֶעֱזָבְךָ...

commands
**ה' מְצַוֶּה** (פֶּרֶק לא פָּסוּק ג)

שׁוּב אֶל-אֶרֶץ אֲבוֹתֶיךָ וּלְמוֹלַדְתֶּךָ,
וְאֶהְיֶה עִמָּךְ.

**9** What do we learn from this about ה'?

______________________________

______________________________

**10** נְסַכֵּם – Let's summarize: יַעֲקֹב wants to leave because:

he hears ______________________________

he sees ______________________________

ה' tells him ______________________________

**What, in your opinion, will the wives say to יַעֲקֹב?**

# יַעֲקֹב Speaks with רָחֵל and לֵאָה

## פֶּרֶק לא פְּסוּקִים ד–ז

ד וַיִּשְׁלַח[1] יַעֲקֹב וַיִּקְרָא לְרָחֵל וּלְלֵאָה,
הַשָּׂדֶה[2] אֶל צֹאנוֹ.

ה וַיֹּאמֶר לָהֶן: "רֹאֶה אָנֹכִי אֶת־פְּנֵי אֲבִיכֶן[3]
כִּי אֵינֶנּוּ אֵלַי כִּתְמֹל שִׁלְשֹׁם,
וֵא·לֹהֵי אָבִי הָיָה עִמָּדִי[4].

ו וְאַתֵּנָה[5] יְדַעְתֶּן,
כִּי בְּכָל־כֹּחִי עָבַדְתִּי אֶת־אֲבִיכֶן.

ז וַאֲבִיכֶן הֵתֶל בִּי[6]
וְהֶחֱלִף אֶת־מַשְׂכֻּרְתִּי עֲשֶׂרֶת מֹנִים[7],
וְלֹא־נְתָנוֹ אֱ·לֹהִים לְהָרַע עִמָּדִי[8]."

1 וַיִּשְׁלַח (שׁ־ל־ח) הוּא שָׁלַח he sent

2 הַשָּׂדֶה אֶל הַשָּׂדֶה to the field

3 אֲבִיכֶן אַבָּא שֶׁלָּכֶן your (fem. pl.) father

4 עִמָּדִי עִמִּי with me

5 וְאַתֵּנָה אַתֶּן you (fem. pl.)

6 הֵתֶל בִּי הוּא רִמָּה אוֹתִי
he has deceived me

7 וְהֶחֱלִף אֶת־מַשְׂכֻּרְתִּי עֲשֶׂרֶת מֹנִים
changed my salary over and over again

8 לְהָרַע עִמָּדִי לַעֲשׂוֹת לִי רַע to do evil to me

## לִקְרֹא... לִמְצֹא... לְהַשְׁלִים... (פְּסוּקִים ד-ז)

(read) (find) (complete)

בְּבַקָּשָׁה:

**1** On page 71, **highlight** in צָהֹב the מִלָּה מַנְחָה (key word) that יַעֲקֹב repeats.

**2** הַשְׁלִימוּ – **Complete**:

- בְּנֵי לָבָן call their father: "____________________" (פָּסוּק א)
- יַעֲקֹב calls the father of רָחֵל and לֵאָה: "____________________"
- יַעֲקֹב calls his father: "____________________"

2א כִּתְבוּ – **Write**:

בְּנֵי לָבָן think that יַעֲקֹב ________________________________________.

יַעֲקֹב thinks ______________________________________________.

**3** The fathers are: ____________________ and ____________________.

**4** Why does יַעֲקֹב speak with רָחֵל and לֵאָה in the field? ____________________________________

____________________________________________________________________________

**5** הַשְׁלִימוּ – **Complete** in לְשׁוֹן הַתּוֹרָה.

יַעֲקֹב speaks to his wives:

- about the face (manner) of לָבָן

  עַל הַפָּנִים שֶׁל לָבָן: "כִּי ______________________

  ______________________". (פָּסוּק ____)

- about his work (service)

  עַל הָעֲבוֹדָה שֶׁלּוֹ: "כִּי ______________________

  ______________________". (פָּסוּק ____)

- about what their father did to him

  עַל מַה שֶּׁאֲבִיהֶן עָשָׂה לוֹ: "______________________

  ______________________". (פָּסוּק ____)

- about God

  עַל אֱ·לֹהִים:

  "______________________". (פָּסוּק ה)

  "______________________". (פָּסוּק ז)

**6** According to what יַעֲקֹב says, who is helping him? ______________________

**7** יַעֲקֹב says many things to רָחֵל and to לֵאָה. What does he want from them? (פְּסוּקִים ה–ז)

______________________

______________________

# יַעֲקֹב Dreams Another Dream

## פֶּרֶק לא פְּסוּקִים יא–יג

יא וַיֹּאמֶר אֵלַי מַלְאַךְ הָאֱ·לֹהִים בַּחֲלוֹם:
"יַעֲקֹב,"
וָאֹמַר: "הִנֵּנִי."

| | | |
|---|---|---|
| 1 | מָשַׁחְתָּ אַתָּה שַׂמְתָּ שֶׁמֶן | you put oil |
| 2 | מַצֵּבָה | pillar |
| 3 | עַתָּה עַכְשָׁו | now |

יב וַיֹּאמֶר:
. . . . .
"כִּי רָאִיתִי אֵת כָּל־אֲשֶׁר לָבָן עֹשֶׂה לָּךְ.

יג אָנֹכִי הָאֵ·ל בֵּית־אֵ·ל
אֲשֶׁר מָשַׁחְתָּ[1] שָּׁם מַצֵּבָה[2]
אֲשֶׁר נָדַרְתָּ לִּי שָׁם נֶדֶר,
עַתָּה[3] קוּם צֵא מִן הָאָרֶץ הַזֹּאת
[2]וְשׁוּב אֶל אֶרֶץ מוֹלַדְתֶּךָ."

## לִקְרֹא... לִמְצֹא... לְהַשְׁלִים... (פְּסוּקִים יא-יג)
(read) (find) (complete)

בְּבַקָּשָׁה:

**1** **Highlight** in וָרֹד what God reminds יַעֲקֹב.

**2** **Highlight** in יָרֹק what God commands יַעֲקֹב.

**3** הַשְׁלִימוּ – **Complete**:

| **First Dream – חֲלוֹם רִאשׁוֹן**<br>Actions That יַעֲקֹב Performs<br>(פֶּרֶק כח) | **Second Dream – חֲלוֹם שֵׁנִי**<br>Actions That God Reminds יַעֲקֹב Of<br>(פֶּרֶק לא פָּסוּק יג) |
|---|---|
| "וַיָּשֶׂם אֹתָהּ מַצֵּבָה,<br>וַיִּצֹק שֶׁמֶן עַל רֹאשָׁהּ."<br>(פֶּרֶק כח פָּסוּק יח) | "____________________" |
| "וַיִּקְרָא אֶת־שֵׁם הַמָּקוֹם הַהוּא<br>'בֵּית־אֵ·ל'..."<br>(פֶּרֶק כח פָּסוּק יט) | "____________________" |
| "וַיִּדַּר יַעֲקֹב נֶדֶר..."<br>(פֶּרֶק כח פָּסוּק כ) | "____________________" |

**4** God commands יַעֲקֹב to do 3 things. הַשְׁלִימוּ – **Complete**: (פָּסוּק יג)

1. "________________"

2. "________________"

3. "________________"

## לַחְשֹׁב ... לְהָבִין ... לְהַרְגִּיש ... (פְּסוּקִים יא-יג)
         (feel)      (understand)     (think)

**1**   Why, in your opinion, does God remind יַעֲקֹב about what happened and about the vow?

Because _____

Because _____

**2**   God comes to יַעֲקֹב in a dream. הַשְׁלִימוּ — **Complete**:

● The first time: When יַעֲקֹב leaves the home of his father in order to go to _____.

● The second time: When יַעֲקֹב leaves לָבָן in order to go to _____.

2א   In your opinion, why, when יַעֲקֹב leaves a place, does God appear to him in a dream?

_____

_____

**3**   What do we learn from this about God?

_____

_____

# יַעֲקֹב Leaves for אֶרֶץ כְּנָעַן

## פֶּרֶק לא פְּסוּקִים יד-יח

יד וַתַּעַן[1] רָחֵל וְלֵאָה וַתֹּאמַרְנָה לוֹ:
"הַעוֹד לָנוּ חֵלֶק וְנַחֲלָה[2] בְּבֵית אָבִינוּ?

טו הֲלוֹא נָכְרִיּוֹת[3] נֶחְשַׁבְנוּ לוֹ[4] כִּי מְכָרָנוּ[5],
וַיֹּאכַל גַּם אָכוֹל אֶת-כַּסְפֵּנוּ[6].

טז כִּי כָל-הָעֹשֶׁר אֲשֶׁר הִצִּיל[7] אֱ·לֹהִים מֵאָבִינוּ
לָנוּ הוּא וּלְבָנֵינוּ,
וְעַתָּה כֹּל אֲשֶׁר אָמַר אֱ·לֹהִים אֵלֶיךָ עֲשֵׂה."

1 וַתַּעַן (ע-נ-ה) הִיא עָנְתָה
she answered

2 נַחֲלָה inheritance

3 נָכְרִיּוֹת strangers

4 נֶחְשַׁבְנוּ לוֹ he considers us

5 מְכָרָנוּ (מ-כ-ר) הוּא מָכַר אוֹתָנוּ
he sold us

6 כַּסְפֵּנוּ הַכֶּסֶף שֶׁלָּנוּ our money

7 הִצִּיל has taken away

יז וַיָּקָם יַעֲקֹב,
וַיִּשָּׂא[8] אֶת-בָּנָיו וְאֶת-נָשָׁיו עַל הַגְּמַלִּים.

יח וַיִּנְהַג[9] אֶת-כָּל-מִקְנֵהוּ[10]
וְאֶת-כָּל-רְכֻשׁוֹ[11] אֲשֶׁר רָכָשׁ
מִקְנֵה קִנְיָנוֹ[12] אֲשֶׁר רָכַשׁ[13] בְּפַדַּן אֲרָם,
לָבוֹא אֶל יִצְחָק אָבִיו אַרְצָה כְּנָעַן.

8 וַיִּשָּׂא (נ-שׂ-א) הוּא הֵרִים he lifted

9 וַיִּנְהַג (נ-ה-ג) he led away

10 מִקְנֵהוּ הַמִּקְנֶה שֶׁלּוֹ (מִקְנֶה = צֹאן וּבָקָר)
his livestock (livestock = sheep and cattle)

11 רְכֻשׁוֹ הָרְכוּשׁ שֶׁלּוֹ his possessions

12 קִנְיָנוֹ הָרְכוּשׁ שֶׁלּוֹ his possessions

13 רָכַשׁ he acquired

## לִקְרֹא... לִמְצֹא... לְהַשְׁלִים... (פְּסוּקִים יד-יח)
(read) (find) (complete)

בְּבַקָּשָׁה:

**1** Mark ✓: We know that the wives ☐ want / ☐ do not want to leave for חָרָן.

**2** On page 77, **highlight** in וָרֹד what the wives say about לָבָן אֲבִיהֶן.

**3** The אָבוֹת (אַבְרָהָם, יִצְחָק, and יַעֲקֹב) listen to the voices of the women in their families (שָׂרָה, רִבְקָה, רָחֵל, and לֵאָה) when they make important decisions. הַשְׁלִימוּ — **Complete**:

- אַבְרָהָם listens to the voice of ______________ when she tells him to expel ______________.
- יַעֲקֹב listens to the voice of ______________ when she tells him to deceive ______________.
- יִצְחָק listens to the voice of ______________ when she tells him to send ______________ to חָרָן.
- יַעֲקֹב listens to the voices of ______________ and ______________ when they tell him to listen to the voice of ______________.

**4** In פָּסוּק יח, **highlight** in צָהֹב the words from the שֹׁרֶשׁ of ק-נ-ה.

**5** In פָּסוּק יח, **highlight** in כָּחֹל the words from the שֹׁרֶשׁ of ר-כ-ש.

**6** These שָׁרָשִׁים are similar in meaning. Why do they each occur 3 times?

______________________________________________

______________________________________________

## לַחְשֹׁב... לְהָבִין... לְהַרְגִּישׁ... (פְּסוּקִים יד-י"ח)
(think) (understand) (feel)

**1** On page 78, **circle** with whom and with what יַעֲקֹב left חָרָן.

א It is written that יַעֲקֹב left with much ______________.

ב What do we learn from this about יַעֲקֹב?

______________________________________________

______________________________________________

______________________________________________

ג What do we learn from this about God?

______________________________________________

______________________________________________

______________________________________________

**2** How did יַעֲקֹב feel when he left **for** חָרָן? (פֶּרֶק כח)

______________________________________________

______________________________________________

______________________________________________

**3** How does יַעֲקֹב feel when he leaves **from** חָרָן and returns to כְּנַעַן? (פֶּרֶק לא)

---

**4** צַיְּרוּ — **Draw** how יַעֲקֹב feels:

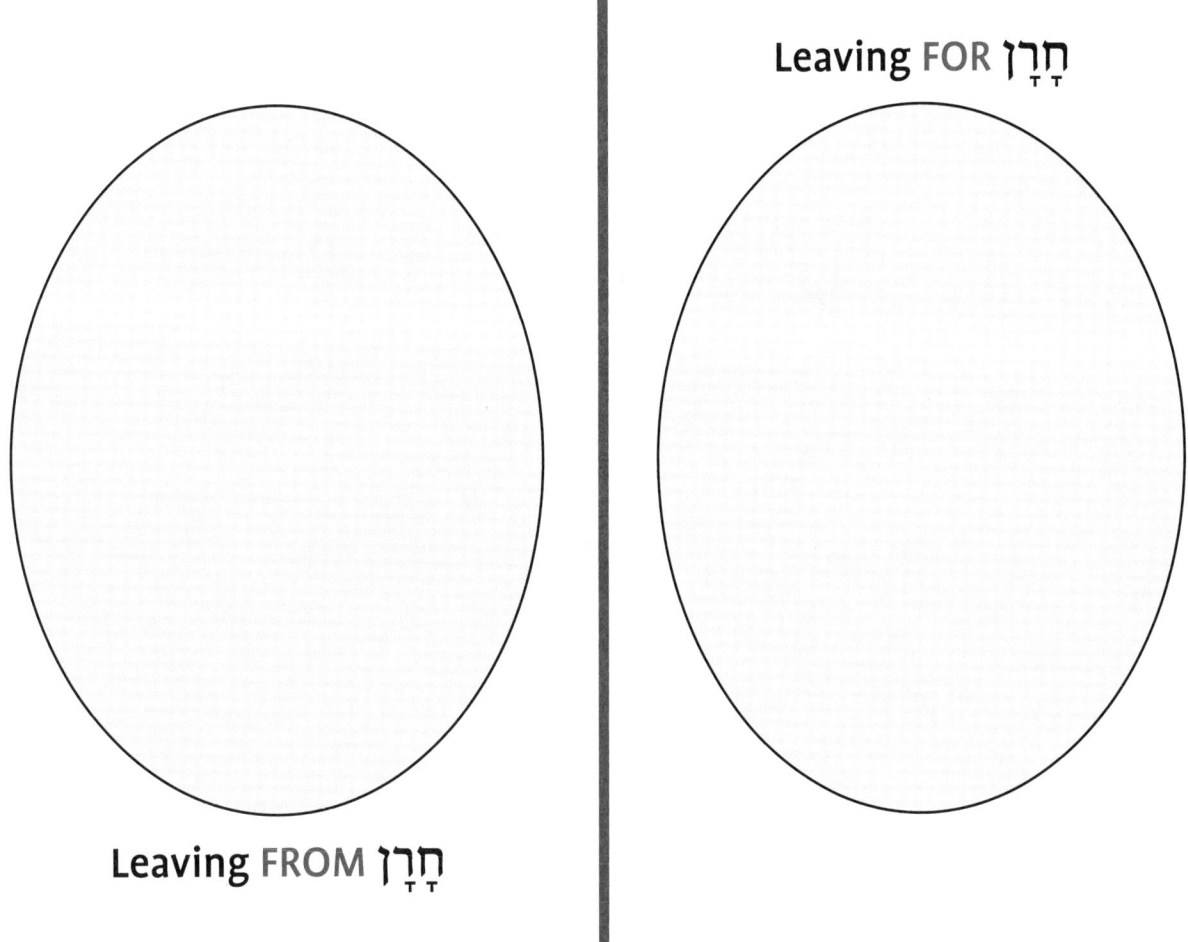

**Leaving FOR** חָרָן

**Leaving FROM** חָרָן

# In Summary (פֶּרֶק כח פָּסוּק י - פֶּרֶק לא פָּסוּק יח) לְסִכּוּם

בְּבַקָּשָׁה:

**1** How does יַעֲקֹב feel?

Bad

Both Good and Bad

Good

צַיְּרוּ — **Draw** an appropriate picture below for each פָּסוּק.
Choose one of the pictures above, or draw your own picture.

- "וַיַּחֲלֹם וְהִנֵּה סֻלָּם מֻצָּב אַרְצָה וְרֹאשׁוֹ מַגִּיעַ הַשָּׁמָיְמָה."

(פֶּרֶק ___ פָּסוּק ___)

This picture fits because ______________________________

______________________________________________________.

- "אָנֹכִי עִמָּךְ וּשְׁמַרְתִּיךָ בְּכֹל אֲשֶׁר תֵּלֵךְ... כִּי לֹא אֶעֱזָבְךָ."

(פֶּרֶק ___ פָּסוּק ___)

This picture fits because ______________________________

______________________________________________________.

- "וַיַּעֲבֹד יַעֲקֹב בְּרָחֵל שֶׁבַע שָׁנִים, וַיִּהְיוּ בְעֵינָיו כְּיָמִים אֲחָדִים בְּאַהֲבָתוֹ אֹתָהּ."

(פֶּרֶק ___ פָּסוּק ___)

This picture fits because ______________________________

______________________________.

- "וַיְהִי בַבֹּקֶר וְהִנֵּה־הִוא (הִיא) לֵאָה."

(פֶּרֶק ___ פָּסוּק ___)

This picture fits because ______________________________

______________________________.

- "וַיִּנְהַג אֶת־כָּל־מִקְנֵהוּ וְאֶת־כָּל־רְכֻשׁוֹ...

לָבוֹא אֶל יִצְחָק אָבִיו אַרְצָה כְּנָעַן."

(פֶּרֶק ___ פָּסוּק ___)

This picture fits because ______________________________

______________________________.

יעקב
עשו
לבן
רבקה
יצחק
ישמעאל
אשת בתואל
בתואל
שרה
אברהם

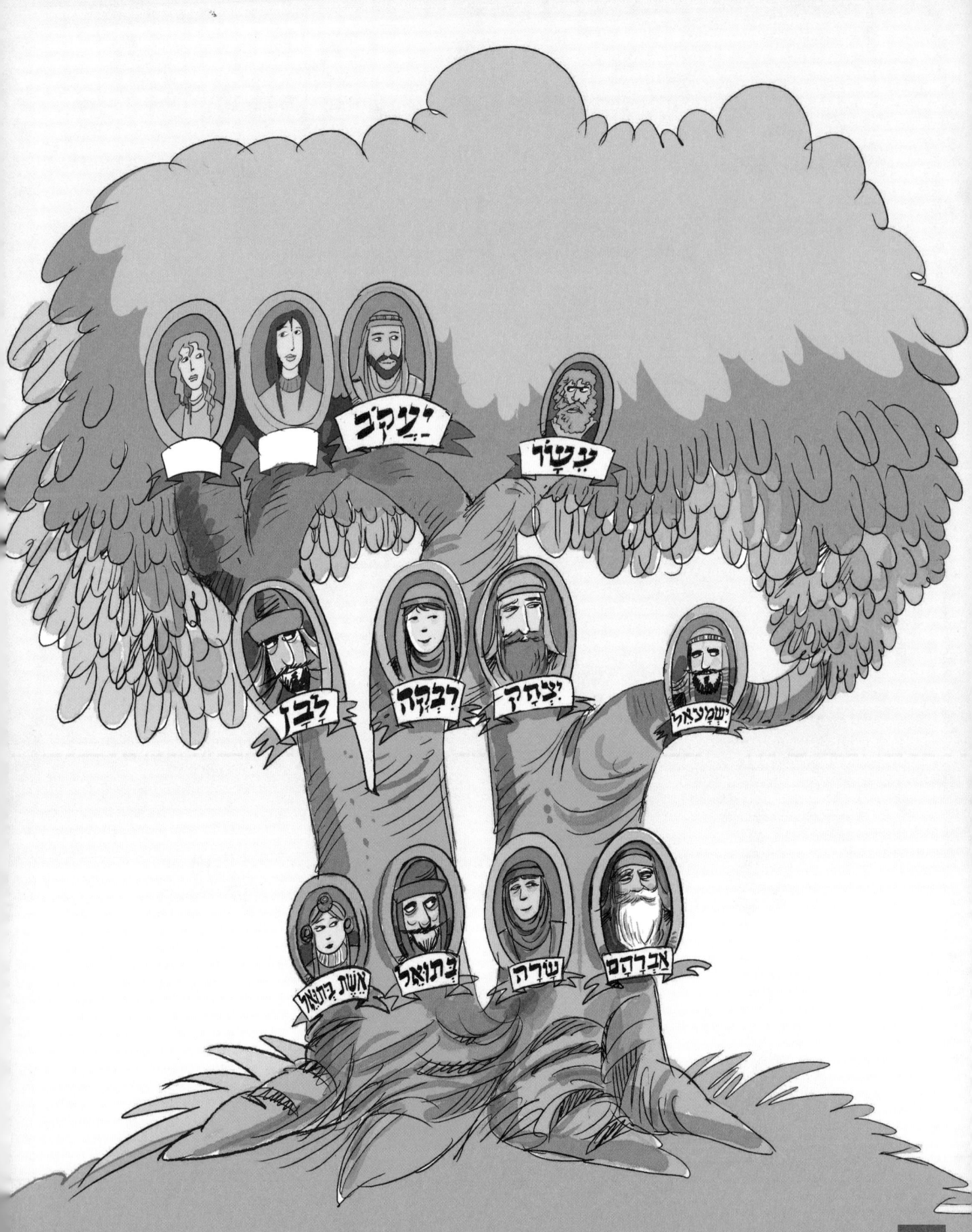

2 Who am I?

- **גִּזְרוּ — Cut out** the oval pictures on page 87, and **הַדְבִּיקוּ — paste** them below.
- **כִּתְבוּ — Write** a sentence so that every דְּמוּת says something important about himself or herself.

■ I am the older daughter of לָבָן.

I am ______________________________

______________________________.

■ I am the younger son of יִצְחָק.

I am ______________________________

______________________________.

■ I am the son of בְּתוּאֵל and the brother of רִבְקָה.

I am ______________________________

______________________________.

■ I am the father of יַעֲקֹב.

I am ______________________________

______________________________.

■ I am the younger daughter of לָבָן.

I am ______________________________

______________________________.

**3** **כִּתְבוּ** — **Write** the name of the appropriate **דְּמוּת** inside each box.
**גִּזְרוּ** — **Cut out** the **דְּמֻיּוֹת** from page 87. **הַדְבִּיקוּ** — **Paste** them in the correct places.
You will have a short story.

leaves the home of his father ☐ for חָרָן.

He goes to the brother of his mother ☐ the son of בְּתוּאֵל.

☐ offers his mother's brother ☐

to work 7 years for ☐.

☐ deceives ☐

and gives him the elder daughter ☐.

☐ works another 7 years for ☐.

☐ works 21 years in the household of ☐.

☐ returns to אֶרֶץ כְּנַעַן to the home of his father ☐.

גִּזְרוּ וְהַדְבִּיקוּ — **Cut out and paste** onto page 85.

גִּזְרוּ וְהַדְבִּיקוּ — **Cut out and paste** onto page 86.

**4** כִּתְבוּ – **Write** the words in the correct order.

(All these פְּסוּקִים are from פֶּרֶק כח.)

אֲנִי | ה׳ | אָבִיךָ | אֱ·לֹהֵי | אַבְרָהָם | וֵא·לֹהֵי | יִצְחָק

(פָּסוּק ____) ________________________________

וָקֵדְמָה | יָמָּה | וָנֶגְבָּה | וּפָרַצְתָּ | וְצָפֹנָה

(פָּסוּק ____) ________________________________

כָּל־ | בְךָ | הָאֲדָמָה | וְנִבְרְכוּ | מִשְׁפְּחֹת

(פָּסוּק ____) ________________________________

הַזֶּה | בַּמָּקוֹם | ה׳ | יֵשׁ | אָכֵן

(פָּסוּק ____) ________________________________

נּוֹרָא | מַה־ | הַמָּקוֹם | הַזֶּה

(פָּסוּק ____) ________________________________

# תַּשְׁבֵּץ לְפֶרֶק כט

1. לָבָן נָתַן אוֹתָהּ לְלֵאָה לְשִׁפְחָה. ______

2. 7 שָׁנִים עָבְרוּ עַל יַעֲקֹב "כְּיָמִים ______".

3. לֵאָה הִיא הָאָחוֹת הַבְּכוֹרָה וְרָחֵל הִיא הָאָחוֹת הַ______. (פָּסוּק כו)

4. "אַךְ ______ וּבְשָׂרִי אַתָּה."

5. לָבָן נָתַן אוֹתָהּ לְרָחֵל לְשִׁפְחָה. ______

6. הָעֵינַיִם שֶׁל לֵאָה הָיוּ ______.

7. לָבָן אוֹמֵר לְיַעֲקֹב: "וַעֲבַדְתַּנִי ______?" (פֶּרֶק כט פָּסוּק טו)

8. "וַיֶּאֱהַב" – בִּלְשׁוֹנֵנוּ: 'הוּא ______'.

9. רָחֵל הָיְתָה "יְפַת־תֹּאַר וִיפַת ______".

10. יַעֲקֹב אָהַב אֶת רָחֵל אֲבָל הִיא הָיְתָה ______. (פֶּרֶק כט פָּסוּק לא)

11. 'הוּא בָּכָה' – בִּלְשׁוֹן הַתּוֹרָה "______". (פָּסוּק יא)

12. לָבָן עוֹשֶׂה חֲגִיגָה. הוּא עוֹשֶׂה ______. (פָּסוּק כב)

13. ה' רָאָה "כִּי לֵאָה ______". (פֶּרֶק כט פָּסוּק לא)

14. 'הוּא נָתַן' – בִּלְשׁוֹן הַתּוֹרָה: "______".

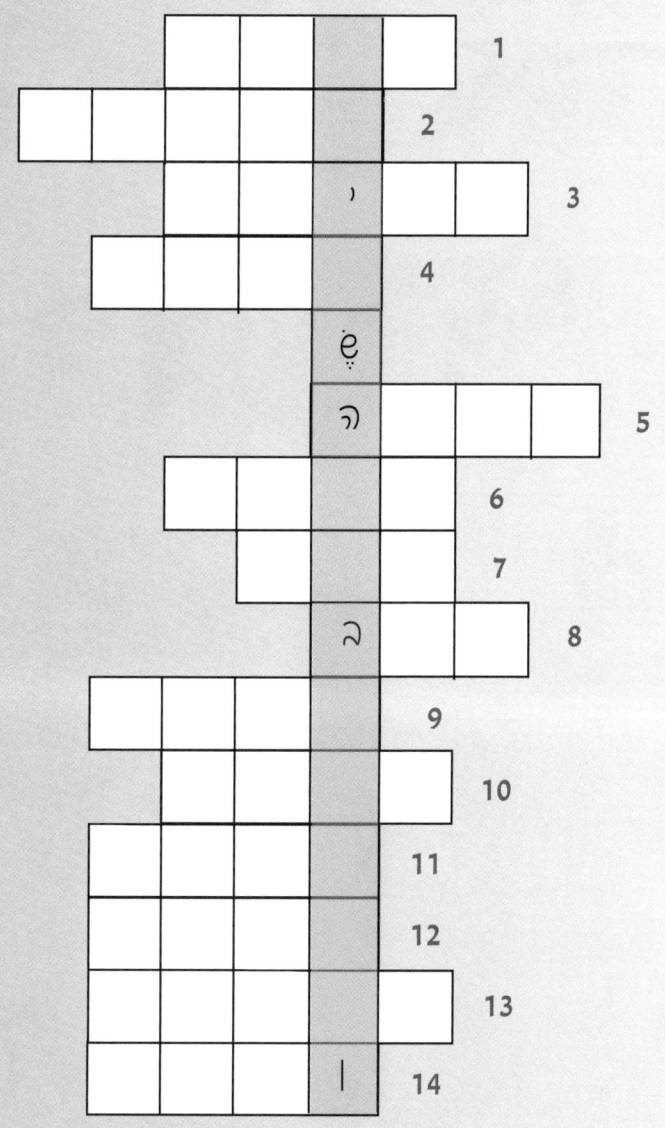

הַפָּסוּק הוּא: " _____ "

**5** גְּזְרוּ — **Cut out** the פְּסוּקִים from page 95.
הַדְבִּיקוּ — **Paste** them in the correct order.
You have learned the story of יַעֲקֹב in פָּרָשַׁת וַיֵּצֵא.

(7)

(8)

(9)

(10)

(11)

(12)

(13) וַיִּנְהַג אֶת־כָּל־מִקְנֵהוּ וְאֶת־כָּל־רְכֻשׁוֹ . . . אַרְצָה כְּנָעַן

92

6
5
4
3
2
בְּאֵר שֶׁבַע
1 וַיֵּצֵא יַעֲקֹב מִבְּאֵר שָׁבַע, וַיֵּלֶךְ חָרָנָה

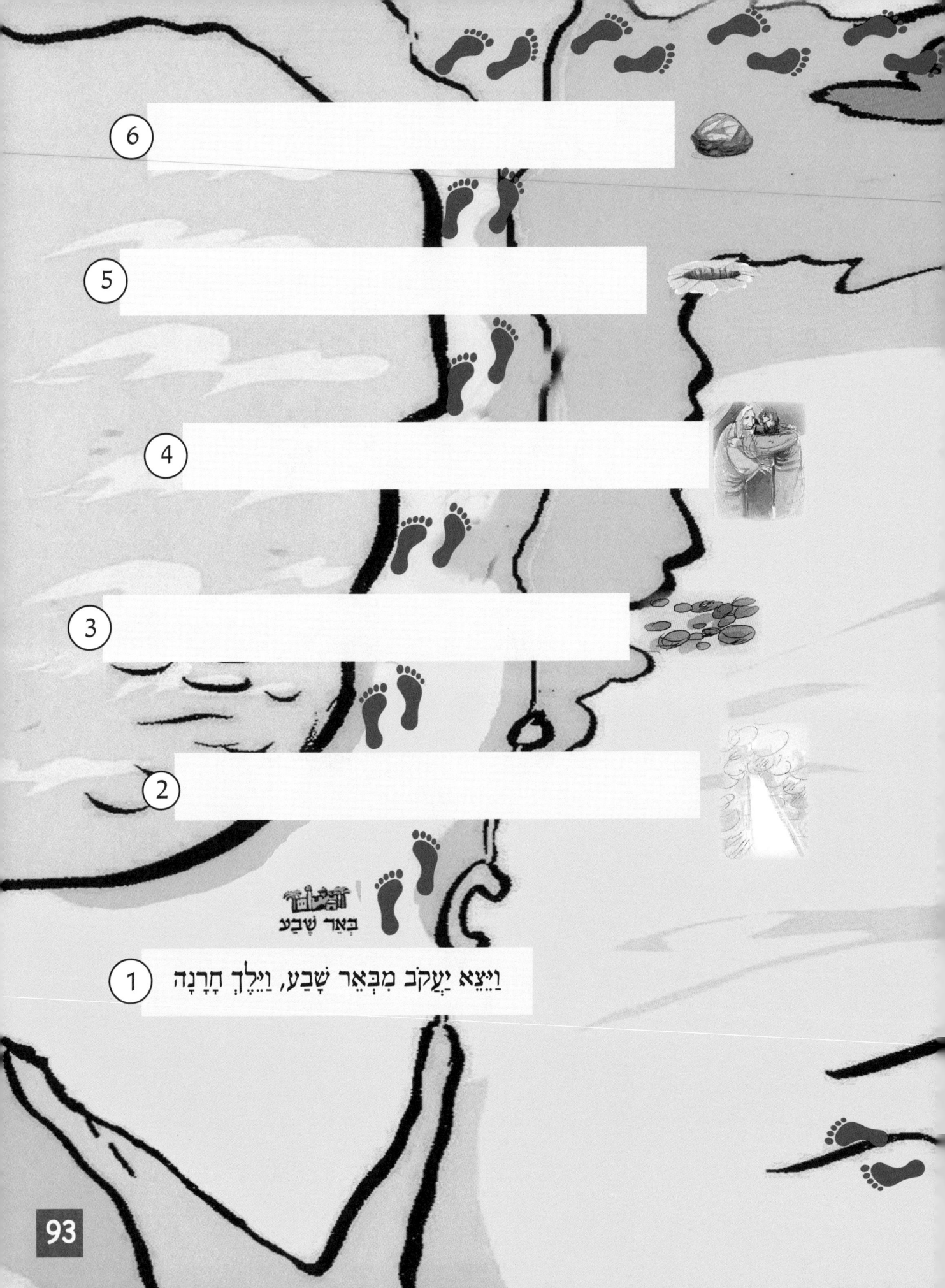

**6** Who said to whom? (פֶּרֶק כט וּפֶרֶק לא)

**Left column (answer options):**

to לָבָן
יַעֲקֹב

to יַעֲקֹב
לָבָן

the wives
to יַעֲקֹב

to יַעֲקֹב
the shepherds

to יַעֲקֹב
the wives

**Right column (statements):**

1. הַיְדַעְתֶּם אֶת־לָבָן בֶּן־נָחוֹר?

2. הַגִּידָה לִּי מַה־מַּשְׂכֻּרְתֶּךָ
   *your salary*

3. אֶעֱבָדְךָ שֶׁבַע שָׁנִים בְּרָחֵל בִּתְּךָ הַקְּטַנָּה

4. וְלָמָּה רִמִּיתָנִי?

5. לֹא־יֵעָשֶׂה כֵן בִּמְקוֹמֵנוּ
   *this is not done*

6. פְּנֵי אֲבִיכֶן . . . אֵינֶנּוּ אֵלַי כִּתְמֹל שִׁלְשֹׁם

7. כֹּל אֲשֶׁר אָמַר אֱ‑לֹהִים אֵלֶיךָ עֲשֵׂה

**גִּזְרוּ וְהַדְבִּיקוּ** – **Cut out** and **paste** onto pages 92–93.

קוּם צֵא מִן הָאָרֶץ הַזֹּאת וְשׁוּב אֶל אֶרֶץ מוֹלַדְתֶּךָ

וְהִנֵּה סֻלָּם מֻצָּב אַרְצָה וְרֹאשׁוֹ מַגִּיעַ הַשָּׁמָיְמָה

וַיַּרְא... אֶת־פְּנֵי לָבָן, וְהִנֵּה אֵינֶנּוּ עִמּוֹ כִּתְמוֹל שִׁלְשׁוֹם

אָכֵן יֵשׁ ה׳ בַּמָּקוֹם הַזֶּה, וְאָנֹכִי לֹא יָדָעְתִּי

וַיֶּאֱהַב גַּם אֶת־רָחֵל... וַיַּעֲבֹד עִמּוֹ עוֹד שֶׁבַע שָׁנִים אֲחֵרוֹת

וַיִּדַּר יַעֲקֹב נֶדֶר

מַה־זֹּאת עָשִׂיתָ לִּי... וְלָמָּה רִמִּיתָנִי

וַיַּרְא וְהִנֵּה בְאֵר בַּשָּׂדֶה

וַיָּגֶל אֶת־הָאֶבֶן... וַיִּשַּׁק... לְרָחֵל... וַיֵּבְךְּ

אֶעֱבָדְךָ שֶׁבַע שָׁנִים בְּרָחֵל בִּתְּךָ הַקְּטַנָּה

וַיָּרָץ לִקְרָאתוֹ וַיְחַבֶּק־לוֹ... וַיְבִיאֵהוּ אֶל בֵּיתוֹ